三岁小朋友的画作——穿着绿裙子去买蔬菜的妈妈

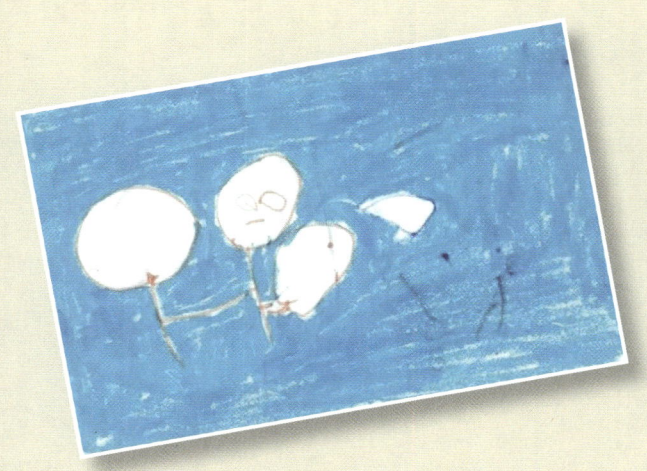

三岁小朋友的画作——一家四口,妈妈抱着自己,爸爸和姐姐站在两边

三岁小朋友的画作——大气球

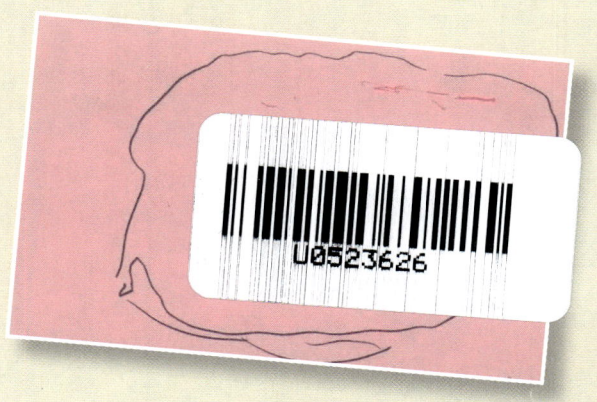

三岁小朋友的画作——蝴蝶口味的冰激凌

三岁小朋友的画作——大家排队跳远

四岁小朋友的画作——中间台阶，左到右依次为：路人、爸爸、妈妈和自己。和爸爸一起爬山，但心里想着妈妈，橘色涂脸是因为爬时感觉很热

三岁半小朋友的画作——好朋友乖巧听话时的样子和生气发怒时的样子

六岁小朋友的画作——仍然是内心表达，因为很喜欢大波浪头发、细长腿以及高跟鞋，所以就画脖子以下全是腿的女孩

小朋友画作和真实情境照片对比——孩子只关注红枣，于是完全不画叶子。被带有硬刺的草划疼，这种草画成了左侧锯齿状

新浪育儿
独家推荐

赵红梅 著

有爱的管教更有效
儿童心理专家跟你一起养育孩子

| 身体日常 | 认知学习
| 人际情感 | 行为问题

国家一级出版社　中国纺织出版社　全国百佳图书出版单位

图书在版编目（CIP）数据

有爱的管教更有效：儿童心理专家跟你一起养育孩子 / 赵红梅著. -- 北京：中国纺织出版社，2018.12（2019.5重印）
 ISBN 978-7-5180-5279-0

Ⅰ．①有… Ⅱ．①赵… Ⅲ．①家庭教育 Ⅳ．① G78

中国版本图书馆CIP数据核字（2018）第175880号

责任编辑：韩　婧　　责任校对：江思飞
装帧设计：卡古鸟　　责任印制：王艳丽

中国纺织出版社出版发行
地址：北京市朝阳区百子湾东里A407号楼　邮政编码：100124
销售电话：010－67004422　传真：010－87155801
http://www.c-textilep.com
E-mail:faxing@c-textilep.com
中国纺织出版社天猫旗舰店
官方微博http://weibo.com/2119887771
北京玺诚印务有限公司印刷　各地新华书店经销
2018年12月第1版　2019年5月第2次印刷
开本：710×1000　1/16　印张：15　插页：2
字数：179千字　定价：48.00元

凡购本书，如有缺页、倒页、脱页，由本社图书营销中心调换谨以此书献给用心养育孩子的父母们!

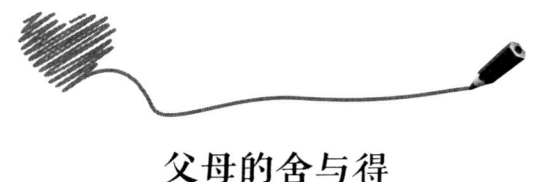

父母的舍与得

如果孩子得到了精心的养育,那是父母舍去了每一天的舒适;
如果孩子得到了悉心的照顾,那是父母舍去了每一刻的休憩;
如果孩子得到了长情的陪伴,那是父母舍去了每一分的自我;
如果孩子得到了专情的关注,那是父母舍去了每一秒的悠闲。

如果孩子拥有健康的体魄,那是父母奉上了每一餐的营养;
如果孩子保持阳光的心态,那是父母给予了每一次的鼓励;
如果孩子得到自由的发展,那是父母撑起了每一片的蓝天;
如果孩子收获美好的人生,那是父母筑起了每一寸的港湾。

没有父母舍,就不会有孩子得,养育本就是一场无休止的付出;
父母心中,孩子最重,生命、爱情、自由,可以全部舍弃;
父母一句"我愿意",终结了所有的得失,诠释了父爱与母爱;
天下的孩子们,请将父母的大爱深藏于心,尽享人生每一段旅程。

作者最想提醒你的一句话

最糟糕的养育莫过于让孩子成为情感上的孤儿

当我们看到，父母辛辛苦苦养育孩子，孩子长大后却控诉父母的诸多不是、跟父母冲突不断、敬而远之，甚至宁愿老死不相往来的时候，我们该何去何从？同情孩子，同情父母？还是痛斥孩子，痛斥父母？前段时间，曾引发人们热议的"北大骄子发万言书与父母决裂"事件，再度颠覆了人们的认知，让大家陷入了一大教育迷局：家长认为自己付出了所有的爱，孩子也貌似得到了最好的教育，待孩子三十而立之后，竟然要跟父母决裂。无论对于孩子还是父母，都已经是糟糕的结果。最为遗憾的是，大多数父母都没明白这样的道理："付出爱"与"接受爱"历来是两个过程；让人伤神的是，这两种情感过程从来就不完全对等，甚至毫无关系。正如人们常说的："我爱着你，你却不知。你给了我很多，可惜都是我所不欲的。"在"爱"与"被爱"的关系中，比给予了多少爱更重要的，是接受爱的一方究竟感受到了什么，他是否感受到了爱？

我通读那份令人震惊的万言书，读到一半就读不下去了。一个孩子历数父母尤其是妈妈在童年阶段带给自己的"伤害"，他说得那么有理有据，他究竟梳理了多少遍？要知道，每一次梳理对于一个孩子来说（虽然他已成年），都无异于残酷地揭开自己的伤口独自舔舐。读着这些文字，我仿佛看到一个弱小的孩子，站在无人的街头哭诉，孤独地呻吟。他是那么缺少爱，渴望爱，以致于他在万言书中几次提到感恩有学姐的肯定和关爱。

在以往给父母们的养育建议里，我常常分享如何做才能给孩子更好的养育，然而现在，我必须换个角度，首先告诉你养育过程中，哪些底线绝对不能触碰。没有任何人能够提前界定最好的养育是什么样子的，因为最好的养育一定是做出来的，而不是预期出来的。但是，最糟糕的养育却是可以事先明确标定的，万言书中每一句话都在提示着我们：最糟糕的养育莫过于让孩子成为情感上的孤儿。

家是什么地方？在你受伤的时候你可以想起它。父母是什么？是你情感最无助的时候无条件接纳支持你的人。但是，多少父母在一件件小事当中没能做到这些。万言书中提到的妈妈不遵守老师的要求，硬要自己穿长裤，招致批评；自己参加数学课外班，夹子被同学弄破，妈妈没有安慰，反而是"讥讽和落井下石"……孩子所列举的没有一件是大事情，都是芝麻蒜皮的小事，但正是这些一件件不起眼的"童年小事"，一旦在养育中没有被处理好，便会引发恶性后果。万言书事件虽然可以说是必然养育中的偶然，但也可以说是偶然中的必然。为什么这么说呢？

因为很多人在年幼的时候，都曾被父母打骂过，也被控制过，但是随着年龄的增长和阅历的丰富，这种"怨恨"逐渐化解掉。然而，有些孩子却不会化解，所有的积怨一直在持续累积。我们绝不能仅从孩子发展的结果来认定哪一种养育就是成功的，抑或是好的，因为人的发展是毕生的，我们不能用任何一个阶段、结果或方面来判定一生，比如考了多少分，考上了什么大学，获得了什么学历。

就在2017年，我应原北京市早教所所长梁雅珠老师的邀请，有幸参加了《父母必读》杂志新书《童年清单》的发布会，《超级育儿师》里的兰海老师和樊登读书会的发起人樊登先生被特邀分享自己的童年故事。有意思的是，两位老师的童年有着很大的不同。兰海老师生活在一种宽松平等民主和谐的家庭氛围里，而樊登老师则讲述了父亲对自己的"高控"，比如父亲强迫自己学习数学，不能接受自己对数学不感兴趣等，现在说起来颇为有趣，但是当年却是苦恼万分。随后，主编老师提了一个问题，大致是："你们两个有着很不一样的童年，但是你们现在个人成长得都非常好，或者说事业上都很成功，那怎么解释童年经历对个人成长的影响？"樊登老师接过了话筒，他的回答很幽默也很深刻，让我记忆犹新。他说："还是兰海老师的童年比较美好，所以我现在对我的孩子就是这样的，支持他的自我和个性化成长。你看，兰海老师总是喜欢笑，总是甜甜地笑，而我呢？我其实是一个极易愤怒的人，这就是不同的童年经历带给我们的差异。我现在之所以平静多了，是因为读书解救了我，化解了我内心的愤怒。除此以外，还有父亲不经意的爱。虽然父亲对我很严厉，但是有一次我不小心把膝盖摔流血了，他一下子抱起我，用凉凉的自来水为我冲洗伤口，那时我感受到了浓浓的父爱，每当回想起那个时刻，我都觉得很温暖。"

因此我想说，受过父母"不恰当"养育的孩子有很多，但不是每个孩子都写下万言文来跟父母决裂，只要有任何一个温暖的出口（比如其他家人、童年的朋友、师长等），父母和孩子都能重归于好，修复受伤的情感和亲子关系。但最可怕的是，孩子一个出口都没能找到。

直到今日，很多父母仍然意识不到，有些生活中不起眼的小事，对于孩子来说，却是天大的事情。在亲子共处当中，孩子缺少的从来不是教育，而是沟通。正如我经常提醒父母们的话，"如果你的养育中只有教育，或者更多的是教育，那你跟孩子的关系一定不会很亲密"。因为你可能不知，孩子很多时候缺少的根本不是谆谆教育和知识教授，而是情感上的理解和同盟。

我在读高中时，一次期末考试，100分的数学卷子，我只得了59分。拿着成绩单，我心情沉重地回到家中，孤独懊恼地坐在客厅的沙发上。这时，爸爸从卧室里出来，他刚刚午睡醒来，睡眼惺忪，头发有些凌乱，端起茶喝上一口，漫不经心地问我："成绩领回来了？考得怎么样啊？"那时，我难过压抑极了，小声慢慢地说："数学考得不好，只有59分。"然后，我低着头等待着爸爸的反应，虽然实际上可能只有几秒钟，但我觉得漫长得像一个世纪，而且瞬间各种负性情绪一涌而上：自责、悔恨、恐惧全都跑了出来。爸爸终于说话了："哦？是吗？数学老师是谁啊？怎么就差一分也没给你提成及格啊？"爸爸的话音未落，我的眼泪刷地就涌了出来，哭得泣不成声，耳边依稀听到爸爸还在说："没事儿，下次好好考！"爸爸的幽默玩笑和对数学老师的质疑，让我感到了莫大的安慰。事实证明，爸爸那一刻的袒护和包庇并没有宠坏我，而是让我在以后的学习当中更有安全感，更加踏实努力（爸爸当时是另一所重点中学的校长，因我不愿意在爸爸的眼皮底下读书，就主动选择了其他学校）。我想他也一定很希望自己的孩子学习好，但是他没有为了自己的面子对我强加要求，而是给了我更多的关爱和体谅，在我最伤心的时候，没有指责，只有疼爱。我非常感激爸爸！

　　我自己的另一次亲身亲历，也让我深刻认识到情感支持的重要性。那一年，我的女儿刚上小学一年级，放学回来，她跟我抱怨说，路过操场时，学校的大哥哥又把球砸到她身上了，很疼，都把她砸哭了。接下来，我皱着眉头说："你怎么总被砸呢？妈妈跟你说了很多方法要避免危险啊！你甚至用耳朵听都能判断车或者球来到你身边……"不等我说完，女儿哭着大声对我说："妈妈，我被砸疼了，我现在最需要的是一个大大的拥抱，您就不能给我吗？"我瞬间愣了一下，张开双臂，把我的宝贝拥在怀中，喃喃道："你一定很疼吧，对不起，妈妈应该先关心你，而不是教育指责你。"我觉得自己真的很幸运，当我做得不好时，我的孩子能够清晰地告诉我，让我有机会修正自己，而不是一味地在心里埋怨我。

　　在为家长们提供咨询的这些年里，我发现很多父母养育的问题都是诸多小事情没有沟通好，我也会常常提醒家长们，当你不知道怎么做时，或者你解读不了孩子的内心时，你可以尝试着回想一下自己的童年。因为家庭教育是一件特别具有社会经历和文化传承的事情，在童年里，我们经历的每一件小事，都会影响到我们长大以后的生活。在每一件小事里，我们所看到的，我们所听到的，也许是很片面的、很不全面的；我们所感受到的，我们所理解的，我们所记忆的，也许是很幼稚的、很主观的、很不真实的，甚至是我们一厢情愿想象出来的，但是这些却都真实地汇集在一起，塑造了我们独特的人格气质，指引着我们的成长。

这就是，为什么你是你，我是我，而他则是他。每个人拥有只属于自己的童年经历，长大后就成了跟别人不一样的人。正如伍绮诗（Celeste Ng）在《无声告白》（*Everything I Never Told You*）一书里说的：我们终此一生，就是要摆脱他人的期待，找到真正的自己。这是一本全球顶级畅销小说，夺得2014亚马逊年度最佳图书第一名。小说中的莉迪亚死了，为什么会出现这样的事呢？作者写道："根源在父母。因为莉迪亚的父母，因为她父母的父母。"父母对孩子的影响有多大，根本无法估计。

还记得哈佛大学历时76年、花费2000万美元的实验得到的结论吗：只要遇到真爱，人生繁盛的概率就会显著提升。主持这项研究整整32年的心理学者乔治·瓦利恩特（George Vaillant）说，真正帮你迈向繁盛人生的，是如下因素：自己不酗酒不吸烟，锻炼充足，保持健康体重，以及童年被爱，共情能力高，青年时建立亲密关系。

人们这样评价研究结果：乍一看，感觉哈佛用76年熬了一碗浓浓的鸡汤——人生成功的关键是……爱？这答案看上去太过普通，以至于让人难以置信。但瓦利恩特说，爱、温暖和亲密关系，会直接影响到一个人的应对机制，每个人都会不断遇到意外和挫折，不同的是每个人采取的不同应对手段。

一个活在爱里的人，在面对挫折时，他可能会拿自己开个玩笑，和朋友一起去运动流汗宣泄，接受家人的抚慰和鼓励……这些应对方式，能帮一个人迅速进入健康振奋的良性循环。反之，一个缺爱的人，遇到挫折时找不到援手，需要独自疗伤，而酗酒是自我疗伤的方式，这又是早衰的主要诱因。

所以，我还是想说那句话，如果你不知该怎样教育孩子，那就尽情地爱孩子、尊重孩子吧！让他们能够成为他们自己想要的样子，而不是你所期待的样子！如果说让孩子成为情感上的孤儿是最糟糕的养育，那么相处中的冷漠回避，则是最伤人的互动方式，一个每天小吵小闹的家庭未必是不幸福的。

如今，你已不是童年的你，你长成了大人，开始扮演为人父母的角色。你找到真正的自己了吗？你摆脱他人的期待了吗？你是否在重复父母当年的角色？伴随着成功也伴随着失败，你是爸爸，或是妈妈，有些像小时候玩的过家家，不同的是，这次的游戏没有结束的时候。除非，到了我们闭上眼睛，离开世界的那一刻。

正如我在《时空恋旅人》（About Time）这部于 2013 年在英国上映的电影里体悟到的，有些事情，因为第一次做，我们常会慌乱或是出些小错，如果重来一次，我们也许就能做得更好，就能放轻松些来应对。如果我们知道哪些陪伴和相处是最后一次，也许我们就更能懂得珍惜，专注生活中的那些美好。但正如很多养育不成功的父母所诉说的，哪有那么多"早知道"？其实只要用心养育，完全可以有很多的"早知道"。所以，每次咨询我都愿意传递这样的祝福：愿你和孩子开心地相处一辈子，亲密无间，彼此相爱，常常感受到内心的喜悦，享受属于你们的天伦之乐！

我在《我用孩子的话告诉你—好的幼儿园教育是怎样的》一文中说到："真正的基础教育是有关心性的教育，好的幼儿园教育让孩子从小就懂得尊重、接纳、包容、宽厚、博爱和公正。这些宝贵的品质，极有可能是大学里的高等教育所不能给予莘莘学子的，也极有可能这些心性的培养存有关键期和敏感期，一旦幼年没有获得，到了成年恐怕再难以习得。"在与父母的"冲突与较量"中，很多孩子可能认为自己就是个失败者，直到大学乃至成家以后才能翻身。有些孩子会认为，父母"控制"带来的痛苦感以及对个人生活的影响无处藏躲，如影随形。

事实是，并不是残缺的家庭就不能成功育儿，也并不是完美的父母，就一定能成功地养育孩子。关键是你在家庭生活中为孩子传递了怎样的信息。每个家庭、每个个体，势必会遇到各类问题。我从来不认为任何一门学科，比如家庭教育、教育学、心理学、医学或是其他领域知识，能够确保我们把孩子养育好。唯有正确的人生观和价值观，作为最基础的支撑，将各个学科融合在一起，方能指引我们找寻到应对策略和措施。原本，自我意识和主动探索是个体心理发展和个性成长中重要的组成部分，却往往在养育中成为了亲子冲突的导火线和绊脚石。希望大家引以为戒，尊重孩子，尊重自己，千万不要让孩子成为情感上的孤儿，父母明明是想表达对孩子的爱，却反而让孩子离自己越来越远。

作者最想嘱咐你的一句话

用心的养育是让孩子在管教中感受到浓浓的爱

对 6 岁以前的孩子,如果提到"管教"一词,有的父母可能会觉得过于严厉和负性,有些专制的色彩,其实不然。

从字面上看,管教包含"管控""管理""教育"和"教授"等多层意思,意味着很大的责任,属于中性词汇。正如我们中国人常说的"子不教,父之过",家庭教育中,绝对不能没有"管教"。不论是从孩子的接受能力,还是从孩子的教养需求来看,父母对孩子实施"管教"都是适宜和必要的。

从儿童心理发展水平来说,1 岁以上的孩子,可以开始进行"管教"。但在这里,我想特别跟大家强调一点,所有的管教都必须有"爱",无论是对于 1 岁的宝宝,还是 17~18 岁的大孩子,爱和管教一定要永相随。

在本书中,我把管教界定为父母对孩子是有要求的,具体表述为父母对孩子的成长有管控、教授和教育;把爱界定为父母对孩子是有情感回应的,具体表述为对孩子有发自内心的爱,并能表达爱,让孩子感觉到爱。

我在本书中提出,养育孩子必须有爱和管教两个组成成分,二者缺一不可,而且爱一定是管教的前提,爱的比重一定要大于管教。为什么我如此强调管教一定要和爱并存?如果两者不并存,又会出现怎样的局面?我们可以追溯到 40 多年前心理学家们的研究。

心理学家戴安娜·鲍姆林德(1971,1980)根据父母在孩子教育中的回应性的高低、有无要求这两个维度，定义了父母的教养风格，而后埃莉诺·麦考比（1983）及其同事又对戴安娜的研究进行了修正，最终界定出四种教养风格：对孩子高要求低回应的父母，即更多强调管教而忽略爱的父母，往往是严厉粗暴的；对孩子高回应低要求的父母，即更多强调爱而忽略管教的父母，往往是骄纵溺爱的；对孩子低要求低回应的父母，既不强调管教也不强调爱，或者说是同时忽略管教和爱的父母，往往是冷淡忽视的，这也是我认为最不可取的父母，这类父母往往只是生下孩子，不再有任何精力和情感的投入，最多是经济上的支持；既对孩子有高回应又有高要求的父母，即既强调爱又强调管教的父母，往往是权威的父母，这类父母往往让孩子又敬又爱，在这种教育环境下成长起来的孩子也往往有令人满意的行为和发展。因此说，教育好孩子，父母的疼爱和管教一定要并存。

对于孩子，父母如果具备了提供爱和管教的意识就已经相当不错，但是，这样仅仅具备理念还远远不够，还很难获得最有效的养育。"细节决定成败"，这句话用在孩子教育上再适合不过。除了教育要素，还要关注到要素之间的先后顺序。最有水平的父母在教育孩子的过程中，能够做到先让孩子感受到爱，然后再对其管教，这才是有艺术性的父母，无疑，这样的教育也更加有效。我们常用的一个词语是"先抑后扬"，但是在跟孩子教育沟通的过程中，抑和扬的顺序最好就要颠倒一下，即做到"先扬后抑"。父母要从情感的层面接纳孩子的一切行为，然后再引导孩子做到在特定的条件下行事。所以说，教育孩子，既要有爱，又要有管教，而且，爱一定要排在管教的前面。

做父母的一定要注意到：爱是管教的前提。越是年龄小的孩子，爱越要在管教的前面，管教之前的爱越要浓厚，因为小孩子往往是自我和利己的，尤其是对于学龄前的孩子，心理理解（theory of mind，这是儿童社会性发展中的一个非常重要的方面，我们将会在正文中详细讲解）能力有限，缺乏自我反思和理解他人的能力，无法异位思考，不能理解父母的良苦用心，常常表现出叛逆，甚至是抗拒父母管教的一面。因此，只有让孩子感受到父母浓浓的爱意，他们才会愿意接受父母的管教，调整自己的行为。

最后，我还想强调一点，爱和管教应该是跨越时空的并存。对于父母，从时间上来说，不是今天爱孩子明天就要管教孩子；从空间上来说，更不是这件事情管教孩子，那件事情就要爱孩子。爱和管教跨越时空的并存，是指父母要在每次教养时都要时刻保持同时传达爱和管教的状态，久而久之，让这种状态成为自己教育的内在意识和行为习惯。所以，很多专家老师都会提醒父母，要和孩子一起成长。

父母看到这里，会不会被吓到？觉得有些难？甚至感觉做到这样是不可能的呢？毕竟父母也是人，也有七情六欲，怎么能时刻保持如此理性的态度和积极的状态？这就是我在书中将要帮助大家解决的问题。通过一个个身边案例的切入，我会陪着你走过这段神秘难捱的养育之路，奠定你的家庭教育基础。

在每一次跟父母面对面时，我都喜欢说这样一句话，"教育就是要说大话，做小事"。教育孩子时，我们要有高远的目标，而所有目标的实现，都是一件又一件小事情的累积。正所谓"不积跬步，无以至千里"。书中每一件小小事情里渗透的"有爱的管教"会让你明白其中的道理和真谛，从源头上解决你的教育问题。

当父母在怎么做都难有效果的情境下，跟着我一起试试"有爱的管教"吧！学龄前是养成教育的重要阶段。在养成教育的过程中，孩子难免会不懂规则，常有越界行为，这时就要有人来进行规范和引导。如果父母一味担心孩子的安全，阻止孩子探索，或是斥责吓唬孩子，长此以往的不当教养，短短几年造成的损失就会大得惊人，让孩子衍生出很多发展中的问题，比如孩子缺乏独立性、事事依赖父母、胆小怯懦、不敢探索、自理能力弱、骄横急躁、抗挫性差等。孩子的这些问题，在很大程度上，都是源于父母没能给予"有爱的管教"。

有爱的管教更有效
儿童心理专家跟你一起养育孩子

  毫无疑问，父母所能给予孩子最有价值的东西，不是房子、车子和票子，而是诸如耐心、等待、包容、鼓励、拥抱这些"爱"的表达，父母对孩子"用心的爱"，才是实现有效管教的秘方！

  读到这里，亲爱的父母们，请放下你们心中的疑虑和包袱。想要做到"有爱的管教"，其实并没有你想的那么难，你需要的是养成你和孩子都能受益一生的"养育习惯"，形成真实有效的"养育思维"。你们只是需要再勇敢一些，再自信一些，就能跨越那些教养困惑和难题！

  只要你真心地爱孩子，尊重孩子，用心对待教养中的每一件小事儿，就能实现更具艺术性、更有效的教育。这就是你将在本书中学会的"有爱的管教"！

  现在，你可以回味一下，最初见到孩子那一刻时的激动心情！

  然后启程，开启你崭新且充满趣味性的教子之旅！你会惊喜地发现，养育孩子的同时，你自己也实现了彻头彻尾的变化和成长！

赵红梅

2017 年 10 月

于北京大学燕东园 30 号小楼内

CONTENTS 目录

001 第一部分 身体日常篇

第1章 吃饭——养育独立有餐桌礼仪的孩子 _003
第2章 如厕——对孩子来说是天大的事儿 _013
第3章 睡觉——从小开始的分床睡 _027
第4章 运动——四肢发达头脑才能不简单 _035

041 第二部分 认知学习篇

第5章 学习兴趣——如何让孩子爱上学习 _045
第6章 记忆学习——巧妙引导才会有提升作用 _053
第7章 科学探索——生活中激发科学兴趣 _059
第8章 绘本阅读——阅读经验比年龄更加重要 _066
第9章 绘画涂鸦——表达自我比用笔写字更加重要 _070
第10章 入学准备——心理准备比物质准备更重要 _082

089 第三部分
人际·情感篇

第 11 章 亲子关系——远离亲子沟通中的曼陀罗	_091
第 12 章 增强自信——始于建立他信和避免空谈	_097
第 13 章 兄弟姐妹——如何应对大宝和二宝	_103
第 14 章 同伴交往——孩子越大越需要友情	_111
第 15 章 分离焦虑——意味着新的成长	_125
第 16 章 社会公德——很有必要教给孩子巧妙应对	_132
第 17 章 奖惩原则——不要轻易为孩子支付劳务费	_136
第 18 章 接纳死亡——时间是治愈思念的良药	_138
第 19 章 师生共处——老师妈妈和妈妈老师	_148
第 20 章 社交能力——后天培养的作用更大	_161

171 第四部分
行为问题篇

第 21 章 抑郁边缘——可能是不良养育惹的祸	_173
第 22 章 撒谎欺骗——谎言是孩子成长的标志	_179
第 23 章 偷拿东西——巧妙地纠正孩子	_183
第 24 章 出现脏话——孩子的脏话有时并不脏	_185
第 25 章 乱发脾气——首先要拥抱发脾气的孩子	_187
第 26 章 沉溺游戏——不要让孩子的生活电子化	_190
第 27 章 磨蹭拖延——不仅仅是个坏毛病	_195
第 28 章 害羞内向——不过是我们的假想而已	_199
第 29 章 学习状态——教育尺度的"拇指原则"	_205
第 30 章 发展异常——融合教育更能兼顾生活品质	_209

结束语：爸爸在陪养孩子方面有种特别的力量　_217

第一部分 身体日常篇

　　发展心理学是一门了解自己及他人的整个生命过程的学科，涉及先天遗传，也涉及后天环境，它覆盖了一个人从出生到死亡毕生的发展过程，我很幸运地加入这个引人入胜的专业领域，利用其中的很多专业思想、理论和概念，结合自己的工作和生活经验，为很多父母的养育问题提供非常实用的信息和建议。

　　发展心理学家通常将个体的发展划分为三个部分：第一部分是身体（生理）发展；第二部分是认知发展；第三部分是社会和人格发展。研究者们将身体发展放在第一部分，并不是偶然和随机，而是明确这样的观点：身体发展是个体发展的首要发展，是其他发展的基础，没有了身体发展，个体的认知发展和社会人格发展也就无从谈起。

　　身体发展更是小孩子各方面发展的基础。从受精卵形成的那一刻，直到孩子出生，到了三岁，乃至到了六岁，他们的身体发育发展就从未停止。身高体重的变化，往往是父母容易观测到的，随着孩子年龄的增长，孩子的运动能力也愈加强大。从翻身、坐、爬、走、跑、跳，到后来的扔、投等各类运动，无不彰显着孩子身体的巨大发展。在这些容易观测的背后，还有父母往往忽视的身体发展，那就是孩子的大脑。可以说，孩子的任何发展都离不开大脑这一生理基础，因此，年幼的儿童，保护好大脑的安全也就成为重中之重。

孩子身体发展对于认知发展和社会、情绪、个性等发展有着极大的影响，越是年龄小的孩子，他们的行为表现越是容易受到身体状况的影响和制约。比如，在孩子身体不舒服时，就很容易发脾气，注意力也很难集中；长期体弱多病或是身体伴有残疾状况的孩子，更容易表现得胆怯、畏缩、不自信和暴躁；身体运动不充足的孩子，更容易表现为多动好动；而吃喝拉撒睡等不规律、缺乏自立性的孩子更容易表现得过于依赖、独立性比较差。这些均是因为，而反之身体发展弱的孩子，往往在心理上也容易体验到弱势。孩子在身体生理上的优势，往往能给他们带来心理上的优势；

因此，相对于认知学习和个性发展，父母们首先要关注的就是孩子的身体发展。在身体发展过程中，除了营养的供给提供，父母们还要关注孩子日常生活习惯的养成，以及运动活动的参与。这些不仅能让孩子身体强壮结实，还能进一步促进孩子的认知和学习能力的提高，以及性格品质的历练和塑造。

当我们父母在养育孩子的过程中遇到了问题和困惑，首先就应该排除孩子生理发展上是否存在问题，然后再考虑孩子的认知发展水平和个性特征，这是养育孩子时的重要思维方式，也是教育思考的首要起点方向。

在这一部分，我分为四个小主题，分别谈论吃饭、如厕、睡眠和运动的养育原则和办法。孩子伤心时当然是可以哭、生气，但是作为父母，我们一定要注意提醒自己，千万不要在孩子吃饭、如厕、运动或是睡觉前批评教育孩子，把孩子训哭，如果你总是让孩子带着泪水吃饭睡觉，孩子的人生必然晦暗不堪。

第 1 章
吃饭——养育独立有餐桌礼仪的孩子

> **养育要点：** 吃饭这件事情，对于孩子的发展来说，不仅仅是营养的摄入，更多的则是独立自主、自信个性的培养。有爱的管教鼓励父母了解孩子的心理发展特点和规律，主张给予孩子选择权，允许孩子出现私心，接纳孩子的任性和霸道，但是与此同时，要对孩子有要求，手把手教给孩子一些具体的操作和行为方式，绝不可以完全忽视孩子自理能力的成长需求，剥夺他们的成长权利，因为那会是无知的溺爱；也不能完全是严厉的要求，不给予孩子成长的时间和过程，只关注孩子最终的结果，因为那会是武断的管制。

♡ 吃出一个独立的孩子

每年新生入园之际，我都会负责设计一些调查问卷或是评估测验，了解新生的发展状况和家长的教育理念和期望。我们曾经自编家长评估问卷，考察家长在幼儿入园后，最为关心的问题，以及期望幼儿在幼儿园里获得哪些方面的发展。

我们的调查结果显示（详见图1和图2），父母们在孩子入园时最关注的三个问题是吃饭、午睡和分离哭闹。其中吃饭居于首位，32%的家长最担心孩子入园后的吃饭问题。与此同时，我们的家长也是非常关注孩子个性发展和自理能力的增长。调查结果显示，42%的家长期望孩子获得社会交往方面的发展，26%的家长期望孩子的自理能力获得发展。

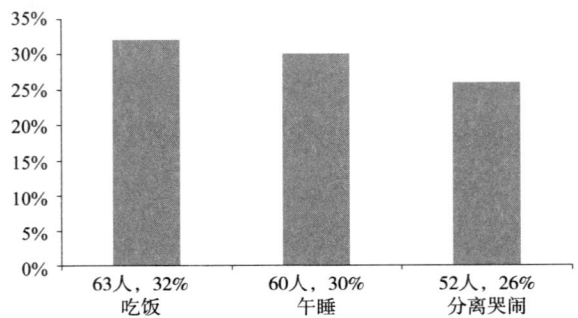

图1　孩子入园之初父母最关心的三个问题及其百分比

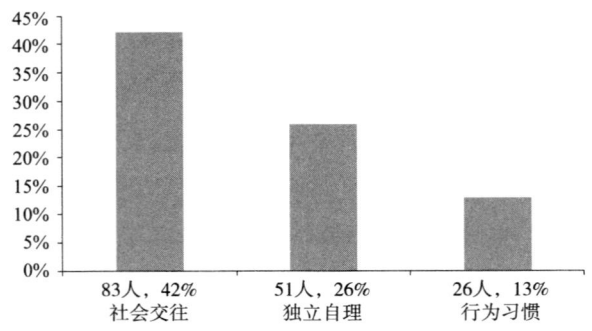

图2　父母期望孩子在幼儿园期间获得的发展及其百分比

现在，我们来将两个结果进行整合分析。根据往年的追踪观察，我们发现，那些吃饭好，进餐能够自理的小朋友，往往在幼儿园有良好的适应，不仅哭闹时间短，而且能够很快享受到幼儿园生活的乐趣，比如集体游戏、同伴互动、情绪稳定乐观等。所以说，孩子能不能具有很好的独立性，首先就要取决于他能不能自己很好地吃饭，自给自足，满足自己的进餐需要。

如果我们的父母认为，吃饭是吃饭，独立是独立，那就大错特错。因为没有吃饭的独立，就不能有孩子个性发展中的独立和自信，一个连自己吃饭都做不到的小朋友，怎么能有勇气独立自信地面对外面偌大的世界？

而实际上，吃饭不能独立的小朋友却是随处可见：

我们的亲子园里有个可爱的小女孩，叫珍珍，我们习惯于叫她珍宝宝，那时她两岁半，由奶奶带着来参加半日亲子活动。第一次吃加餐时，老师准备了苹果和饼干。别的小朋友已经津津有味地吃上了，可是奶奶和珍宝宝却看着苹果发愁。为什么呢？原来，老师提供的苹果，是将一整个苹果去掉果皮和果核以后，切成四块，每个小朋友一块，让孩子们用手拿着吃。奶奶解释道，她们家珍珍还从来没有吃过这么大的整块苹果，在家吃苹果都是要切成那种能透过光，入口即化的很薄的片儿。老师们看着珍珍那一口整齐的小白牙，觉得真是太可惜了。

于是，在老师的鼓励下，珍珍开始了尝试啃咬苹果块。奶奶对于珍宝宝非常呵护，不仅体现在吃上面，还体现其他很多方面。但是吃东西无疑作为珍宝宝变化的一个切入点，四个月的亲子活动以后，珍宝宝独立吃饭已经完全没有问题，令人惊喜的是，她的胆子也越来越大，敢于大声自我介绍，玩滑梯时再不用奶奶扶着，跟老师互动时再也不用拖着奶奶的手。吃东西让孩子在很多方面都变得更加独立自主。

有一年新生入园时，有个叫小胖的男孩子。到了午饭时间，却一直不肯吃饭。我过去问："宝贝儿，你怎么不吃饭呢？"小胖一脸迷茫地看着我说："可是谁来喂我呢？"原来，孩子上幼儿园之前都是由家人喂着吃饭的。果不其然，以后的日子里就发现，小胖在很多方面都适应得比较慢，在游戏活动中也常常表现出畏缩和不自信。

如果大家觉得吃饭只是阻碍小孩子的发展，影响了最初的入园适应，根本妨碍不了大孩子，那你可能又错了。我来给大家说一个真实的案例：

一位品学兼优的女孩子考上了北京一所名牌大学。因为家在外地，孩子需要住集体宿舍。大学生活不到一个月，这个新生就只能被迫退学，原因是因为无法适应学校的集体生活。最让人觉得不可思议的有两件跟吃有关的小事情，一是孩子去食堂买早点，买了一个水煮鸡蛋，在同学们众目睽睽之下，连着鸡蛋皮一起咬了下去，然后不得已吐了出来，觉得学校里的鸡蛋不好吃，剌嗓子。去水果摊买橘子吃，不包橘子皮直接上嘴咬，自然难吃。孩子自己还一个劲儿地纳闷：学校里的鸡蛋怎么没有家里的好吃？学校里的橘子怎么跟家里的也不一样呢？家里都是一瓣一瓣的！原来，以前家里对孩子的要求就是，只要好好学习，其他什么都不要管！鸡蛋剥好了给孩子，橘子分好瓣再给孩子端上来吃。以至于多年以来，孩子根本没有见过带皮鸡蛋和整个橘子。

吃东西尚且如此，这位大学生除了学习，在其他方面自然也是弱得很，以至于只能选择退学回家。无论你觉得这件事情有多么滑稽和不可思议，让人震惊的是，这件事情却是千真万确。

自己吃饭，养成良好的进餐作息习惯，有无数的好处：生活规律，身体健康；精细动作发展得好；自理能力强，对自己的生活有掌控感。很多父母，支付昂贵费用，花费大量时间，让孩子去上早教班以及各种园外兴趣班，却不肯或是不知孩子的很多能力都可以在吃饭中获得。

♡ 孩子自己点餐点出自主性

先来分享一个吃饭的小故事吧。一次，我在眉州小吃吃饭，当天中午人很多，隔壁桌坐着一家三口。一上来，点菜，爸爸妈妈各点了一些，孩子四五岁吧，也要点，爸妈异口同声地说："你点的都没营养，不健康，别点了。"孩子还挺顺从，只是撅了撅嘴，没再言语。接下来，在等餐的时间里，父母尤其是爸爸就开启了训导："闺女，我可告诉你，这个英语培训班的钱我给你交了，两万多块钱呢，你可得好好学啊，听没听见？"孩子点点头，说了句："爸爸，我饿了。"爸爸对于女儿的话语没有任何回应，接着重复了一遍："这个英语培训班的钱我给你交了，两万多块钱呢，你可得好好学啊！"终于等到饭菜上桌了，孩子估计饿得不行了，上来就想夹东西吃。爸爸一把按住孩子的手和筷子，说："等会儿再吃，先把今天试听课老师教的说一遍，再吃！"孩子只好说了，有的忘了，爸爸又教训了一番："这学英语就得敢说，敢张嘴，你总是唯唯诺诺的，怎么能学好？得大声说出来，主动大方地表现！"。终于可以吃到东西了，孩子吃完一个，又想吃另外一个，爸爸立马拦住："别动，这个粘，你弄不好，把嘴张开，爸爸喂你。"看着这个三口之家，我真是无言以对，对于小朋友，我真觉得她好可怜啊！这个爸爸是怎么了，且不说一位父亲有多么地絮叨琐碎，对孩子哪有半点的尊重？连点个自己想吃的东西都不让，连自己喜欢的想多吃一口，还得由父母代劳，父母一方面要求孩子独立大方自主敢说话，一方面又在日常生活中不断包办代替打断或是阻止孩子表达自己的想法，这是多么的矛盾和纠结。孩子现在还小，养育失败可能不够明显，随着孩子的长大，如果长此以往，孩子一定难以逃脱父母"爱的牢笼"。

吃饭，看似小事，实际上是件蕴含深刻养育理念的大事情。尤其是在好几个家庭聚会时，你仔细观察就会很容易发现，那些自己吃饭很好的孩子，往往在同伴中也会很有主见、个性独立，而那些要爸爸妈妈连哄带喂的孩子，不是自理能力差，缺乏独立性，就是被父母管控过严，孩子长大后容易叛逆。虽然只是一件吃饭的小事，我们却能瞥见很多背后的东西。所以，根据孩子年龄的不同，可以如此养育孩子：

如果孩子已经两岁，就完全可以自食其力，自己吃东西了。

如果孩子已经三岁，就要鼓励他点自己爱吃的餐，父母绝对不能总是大包大揽的，以营养和健康为名，剥夺孩子点餐的权利。

如果孩子再长大一些，父母可以带着孩子参与做饭，了解食物，比如包饺子等。

随着孩子年龄增大，父母带着孩子出去就餐的机会自然随之增加。无论是外出就餐，还是带着孩子旅游在外，都免不了要去选择一些食物。此时，我们通过吃培养孩子的机会就来了。

很多餐厅的菜单都会配有图片，尤其是一些西餐厅，此时，我们的父母最好不要大包大揽地帮助孩子点完所有的餐食，一定要有意识地给孩子也提供一份菜单，鼓励孩子自己点上一两份餐食。这种点餐，不仅能提高孩子吃饭的积极性，还能够无形中培养孩子了解自己，有主见地进行选择的能力。

幼儿园里的小朋友，不乏有这样一群孩子，他们很喜欢跟着老师一起做游戏，也很喜欢跟同伴进行互动，但是当老师请他们进行自主选择游戏，自由组合游戏，自己组合参与活动的时候，这些孩子往往就会显得束手无策，究其原因，还是家人包办代替现象比较严重。日常养育中，总觉得孩子年龄尚小，孩子自己不会选择，选不好，所以几乎不给孩子自己做主的机会，事事为孩子安排好，孩子吃什么全由父母决定。无形之中，便剥夺了孩子独立选择的机会。这样培养出来的孩子，在以后的日子里就很难有主见，生活上也容易稀里糊涂，不明白自己真正的兴趣和爱好在哪里。

♡ 吃饭竟然是一堂微妙的教养课

3岁之前，父母可以把重点放在关注孩子独立吃饭方面，以及对吃饭有兴趣这一教育要点上。但是，当孩子三四岁以后，就要开始有意识地关注孩子就餐时的礼仪。遵守餐桌礼仪的宝贝，不仅能够受到更多人的欢迎，而且从孩子自身来讲，也能反映出他对社会规则的理解能力和对自己行为的控制能力。

以往，孩子在家吃饭可以随心所欲，但是在外聚餐时就要考虑别人的感受和需求，比如事先提醒孩子：即使再喜欢也不能霸占着一个菜，或是连续夹一个菜。遇到孩子喜欢吃的菜，父母一次可以适当协助他们多夹一些，但是绝不能完全霸占。这是一个需要延迟满足的过程。而且，鼓励孩子学会跟父母用语言沟通，轻轻地告诉父母自己想吃什么以及爱吃什么，而不是一味地用肢体语言满足自己的需求，丝毫不顾及别人的感受。这些要求，应该在孩子上餐桌之前就要有所提示，或是通过跟孩子玩过家家的假装游戏时，把这些教育和要求潜移默化地植入到游戏之中，让孩子逐渐习得餐桌礼仪。

当孩子在餐桌上无法按照要求做到时，父母要懂得有选择性地退让，一定要让孩子感觉到被尊重和被爱，而不是被父母强制和压抑。比如孩子非要把一个菜放在自己的跟前时，有爱的管教可以这样做："哇，原来你喜欢吃这个菜啊。妈妈记住了，以后回家给你做，每次都给你点这个菜好吗？可是，除了你，还有好多人也喜欢这个菜，大家都想吃它，咱们得轮流吃！"这样虽然孩子也有可能会拒绝，但是因为喜好得到了了解和认同，心思能够被父母明了，所以往往更容易接受父母的建议，表现出亲社会行为，不再执意把菜放在自己跟前。

♡ 鼓励孩子尝试多种餐具

世上的餐具多种多样，每个国家也是有所不同。孩子最初的餐具就是他们的双手，但是随着年龄的增长，他们需要开始练习使用各种餐具，这样不仅更加文明卫生，也能促进孩子精细动作的发展。

勺子、筷子、叉子等是孩子经常需要使用到的餐具。有爱的管教时，父

有爱的管教更有效
儿童心理专家跟你一起养育孩子

母会为孩子提供多种餐具，让孩子选择自己喜欢使用的餐具就餐。有没有事先提供多种餐具，往往导致孩子在这方面差距非常大。比如有的孩子由于半岁以后就接触各类餐具，因此一岁多就能把筷子用得很好，可是很多上了中班四五岁的孩子，筷子还是用得很不利落。因为缺乏从小练习和累积孩子使用餐具的能力，使得孩子往往在使用画笔、剪刀，以及拿笔写字这些精细动作当中表现得不是很好。而那些餐具用的好的孩子，在各类握笔剪画的活中也常有更棒的表现。

♡ 爱孩子就得了解太心直口快的心理特点，才能避免餐桌上的尴尬

妈妈带着卉卉参加同学聚会，餐桌上，为了让女儿好好吃饭，妈妈说道："你看苗苗姐姐吃得多好啊，你要向姐姐学习！"卉卉听后，大声嚷嚷起来："哼！我才不要吃那么多呢！会和苗苗姐姐一样，吃成一个大胖子！"旁边的苗苗顿时放下筷子，满脸通红，餐桌一时间尴尬不已。

三四岁的孩子，可能经常干些让家长感到难堪，无法应对的事情。有些家长觉得自己的孩子不懂事，没有教养，不懂礼貌，缺乏为人处世的社会性。但有时又会觉得孩子内心单纯、思维简单，想要保有孩子的童真。因此，家长常常感到左右为难，不知该如何引导。从心理发展的角度来看，孩子之所以心直口快，主要是因为他们的心理理解还存在着局限性，能力发展得不够好，水平不够高所致。

何为心理理解能力？心理理解能力（Mind Understanding），是指个体具有将自身和其他个体的行为归因为心理状态的能力。其核心内容是：个体对自身和他人基本心理状态（如愿望、意图、信念、情绪等）的理解，及其与行为之间关系的认识和把握。

案例中的卉卉，如果能够考虑到身边苗苗姐姐的心理状态，顾及到姐姐的负性情绪，可能就仅仅只会拒绝吃饭，表达自己的意愿，而不会再说后半句话，伤害到姐姐的自尊。此时，卉卉心直口快，更多的也是由于她的年龄所致，因为众多研究结果表明，四岁以后的孩子才能老练地理解别人的心理状态，考虑到社会交往中不同人的心情感受。

心理理解能力和同伴交往的关系是怎样的？研究者们对四到六岁儿童的研究表明，儿童心理理解能力越强，越容易受到同伴的欢迎；理解能力越弱，同伴接纳程度越低。对于二者之间的相互关系，研究者们从两种角度加以解释，一种解释是心理理解能力好的儿童，能够更好地理解他人的想法、意图、情绪等心理状态，因此在与同伴的交往中会更好地满足他人的需求，采取更加有利于交往的言行举止，最终受到其他小朋友的喜欢，反之那些心理理解能力差的儿童由于在社会交往中，不能很好地理解同伴的想法、意图、情绪等心理状态，因此不能很好地满足其他小朋友的需求，常常表现出攻击等反社会行为；另一种解释是那些受欢迎的儿童，有更多的机会与其他小朋友共同游戏，交流想法观点，参与合作活动，因此能够互相学习，更好地发展他们的心理理解能力，而那些处于被拒绝地位的儿童，由于缺乏与同伴游戏互动经验，与同伴交流讨论心理状态的机会相对较少，因此心理理解上的得分也会差于那些社交经验丰富的高同伴接纳水平的儿童。

如何提高孩子的心理理解能力？可见，个体的理解能力和他们的语言、社会交往经验、游戏体验等都有很大的相关性。因此，可以从以下几方面提升孩子的心理理解能力，让孩子不再那么心直口快，令人尴尬：

1. 日常交流中，多使用跟心理状态有关的词语，促使孩子关注内心感受。 一项对中德两国婴幼儿的研究结果表明，在宝宝三个月时，妈妈如果常使用跟心理有关词汇跟他们进行交流，这些孩子在三岁时，有更高的心理理解能力。这些词语就是：你觉得？你认为？你想？你感觉？你知道？等。所以，父母可以多使用这些词语谈及孩子的内心世界。

2. 为孩子提供涉及心理情绪状态的绘本故事，让孩子在阅读中体会他人的情感变化，提升异位思考能力。语言跟孩子的心理理解和行为表现有很大的关系，语言丰富、善于表达的孩子，往往表现得更贴心，情商更高一些。阅读是提高孩子语言倾听和表达的绝佳途径，尤其是跟情感有关的绘本故事，反复阅读，能够有效地提高孩子的社会能力。

3. 鼓励并且陪伴孩子玩各类假装游戏。假装游戏不仅能够极大地满足孩子的内心需求，而且能够很好地促进孩子的心理成长。在假装游戏中，孩子能够身临其境地感受角色的内心世界，用适宜的语言和行为进行角色扮演，将在现实中揣摩和积累的人物体会，再现于游戏活动中，不断地进行社会活动演练。

由上所述，孩子的心直口快，令人尴尬，一方面是他们成长过程中必经之路，父母要做好充分悦纳和幽默化解的准备；另一方面父母可以通过在养育中关注心理能力层面的培养，提升孩子的情商，让孩子做一个更受欢迎的小朋友。

关于吃饭问题，有位家长问过我："我的孩子不喜欢吃饭，以前打一下就去吃，现在打也不管用了，他会顶嘴说自己不饿，请问我该怎么教育他呢？"我觉得很幸运，孩子还懂得反抗，否则他一辈子都要忍受父母的"打"去吃饭。孩子不想去吃饭原因可能很多：吃了零食不饿，活动量不够，正在玩有趣的游戏不想离开，家里的饭菜不合口味，心情不好……不管饭菜品质如何，都要想办法让孩子有一份好心情去享用。孩子不想吃饭时，你试着用耳朵贴近肚子说："小肚子都着急啦，它想吃东西啦！"孩子的反应可能就会完全不同。让孩子去吃饭，本来是关心孩子爱孩子，但如果做法不合适，让孩子感觉不到爱，只有严厉的管教，自然就难以解决吃饭问题。所以，爱孩子的父母要让管教更有趣味性，更加游戏化，孩子会更加乐意听从父母的建议。

第 2 章
如厕——对孩子来说是天大的事儿

> **养育要点：** 如厕这件事情，表面上看跟养育关系不大。但实际上，从孩子出生那一天起，如厕就伴随着孩子的成长。从小开始，如厕的规律和正常就体现了孩子的身体状况，随着年龄的增大，如厕还跟孩子的心理状态密切相关，有时孩子心理压力大，或是变换了新的居住环境，都有可能反应在如厕这件事情上。因此，如厕既受孩子自身生理发育的影响，也受心理因素的影响，养育过程中，不要轻视如厕这件事情，它有时恰恰是影响孩子日常生活的重要因素。

♡ 厕所对孩子意味着什么

厕所对孩子意义可能完全超乎父母的想象，关于这一点，我们从孩子的自述和日常行为里面就能看得出来。有位 50 多岁的母亲，讨论自己的孩子直到 30 岁，还没有遇到合适的对象，觉得自己的孩子心思非常细腻，对情感品质要求较高时，情不自禁地谈及孩子高中时候的经历。孩子高三时，家里装修搬家。她和孩子的父亲认为这件事情跟一个孩子没有什么关系，又不想影响孩子的学习，就很少在孩子面前谈论这件事情，然后他们搬家了。搬家后的一段时间里，孩子常常比平常晚回来一些，问她原因，就说自己待在学校学习或是玩了一会儿。让人担忧的是，孩子的成绩下降了，父母百思不得其解，到底是什么原因让孩子成绩下降呢？难道是早恋？

孩子有写日记的习惯，万般无奈之下，父母看了孩子的日记本，结果他们惊奇地发现，让孩子每天魂不守舍、坐立不安、成绩下降的元凶竟然是旧家的马桶。孩子在日记中写道："我一直认为父母很尊重我，是开明的父母，我是家中的一分子。可没有想到，他们连装修搬家这么大的事情都没有跟我商量过，我在这个家算什么呢？谁会知道，我那么想念以前的家呢？每天放学以后，我都忍不住骑着自行车到老房子那里转上几圈，待上一会儿，那样我会感觉好多了，心里踏实。新家什么都是新的，也许大人们认为这样很好，但是他们知道吗？我坐在新家的马桶上连屎都拉不出来，我有多么怀念以前家里的马桶，坐在上面是多么的放松和惬意，谁能了解？我跟他们说这件事情，估计他们会笑话我。唉，真无奈。"

孩子的日记让父母恍然大悟，要不是从日记中看到这些内容，真的难以想象，一次搬家，一个旧马桶对孩子竟然有这么大的影响。幸好，孩子的父母跟孩子有很好的亲子沟通基础，经过一些关于搬新家的讨论和新生活环境的适应，孩子一个多月后又恢复了常态，这让父母感到很欣慰。

♡ 孩子有些无伤大雅的如厕嗜好父母接受就好

也有的家长，很难理解孩子对于厕所的癖好，常常由此引起亲子沟通的教育中的冲突。比如，有的家长嫌孩子过于讲究，遇到脏乱的厕所就不上。

有个男孩子的妈妈说,她的儿子从来不在学校大便,即使逃课,也会跑回家上厕所,她认为孩子的适应能力太差了,因为这点小事就影响学习,真的是很难理解。还有的孩子喜欢在上厕所的时候点香,这也让父母费解。

虽然这都是如厕方面的小事情,但有些父母会用孩子的这些癖好"吓唬"自己,比如担心孩子适应力差、禁不起挫折、吃不了苦,也有父母担心男孩子这样会显得过于娘娘腔。因为这样的内在恐慌,很多父母在面对孩子时就很容易指责、纠正,这些事情也常常不经意间成为亲子教育当中的绊脚石,成为亲子冲突的导火线。

要想改变孩子的这些小癖好,其实是很难的。从爱的管教来说,父母要接纳孩子的行为,从情感上给予理解,不要拿这些事情数落孩子,更不要强迫或是剥夺孩子的习惯,因为这会让孩子产生极大的羞愧和叛逆。一个连大便都不能自己做主的人生,自然是悲哀的人生。考虑到环境的适应等因素,家长可以跟孩子讲明原则,这些小癖好,在家里或是有条件的情况下可以尽情满足尽情去做,但有时遇到特殊情况,比如外出旅游等,孩子就得将就一下,你可以保持自己的偏好,但也要注意新环境的适应。这样一来,父母和孩子之间的沟通冲突就会自然消散。

♡ 父母对大便的宽容竟然成为我童年最幸福的事情

在我四五岁的时候,有一年的冬天,我把屎拉在了棉裤里面,晚上妈妈抱着我玩,闻到有臭味儿,才发现我的秘密。我当时害怕极了,因为我觉得妈妈是个严厉的人,肯定会批评我,甚至在屁股上打两个巴掌。尽管这一天干了的屎都在扎我的屁股,很不舒服,但是因为害怕我不敢说。可让我万万没有想到的是,那次妈妈居然笑了,我不知道为什么她没有打我屁股也没有指责我,而是笑着帮我整理干净,还告诉我以后一定要告诉她,别自己忍着。那种被宽容被疼爱的幸福感觉一直延续至今，不管她有多严厉，我都爱妈妈，因为当年的"不打之恩"我没齿难忘。这种说法可能有些夸张，但深刻说明父母的一个表情足以让孩子感受到爱，也可以让孩子感受到恐惧。因此，在我自己有了孩子以后，尤其当她们犯错，怯生生不敢告诉我时，我都会提醒自己：先给孩子一个微笑，因为微笑之后的管教才会有效。这个妙招，大家养育中尝试一下，就能知道它的奇效。

根据美国心理学家埃里克森的人格理论，3~6岁的孩子正处于主动—内疚的冲突阶段，如果后天环境给予孩子太多的负性评价，那么孩子就很容易对自己的行动和想法感到内疚，这将导致在以后的日子里，这些个体主动发起探索的行为会大大减少，形成内疚型的人格，因为害怕被指责而放弃尝试。因此，对于这个年龄段的孩子，无论他们犯了什么错，惩罚指责都不是很好的方式，最好的养育是在失败和挫折中，帮助他们分析原因，协助他们把事情做得很好，知道更多的应该怎么做，而不是长时间沉浸在不该做什么而带来的懊悔之中。

♡ 淡定地接纳孩子的如厕差异

还记得，我刚刚说过自己大便拉在裤子里，妈妈没有批评我的事情吗？每个人从小在这件事情上意识就是有差别的。从使用纸尿裤来说吧，有的孩子一岁就不用了，有的一直没有用，有的孩子则用到四五岁。

关于把屎把尿，众位专家也是各有建议。但我还是那句话，万变不离其宗，你一定要看自己的孩子。就拿我自己的两个孩子来说吧，大女儿喜欢喝牛奶，小时候的纸尿裤常常是鼓鼓的。她两岁多上了幼儿园中午还会尿床，于是我们都带着一个隔尿垫，半年以后才不用隔尿垫的，但是她夜里睡觉，纸尿裤一直用到四岁，她对自己的尿似乎没有特别的控制和知觉。我们选择夏天撤掉纸尿裤，开始提醒她夜里上个厕所，直到后来整宿不尿，可以憋尿，这绝对是一个渐进的过程。我们从来没有给过她压力，因为我并不觉得她比别人需要更长时间的纸尿裤有什么不妥。我只是认为，这是她的一个特点而已。但是二女儿，从小不喝任何牛奶，更没有睡觉喝牛奶的习惯，从一岁开始，她自己会往下面扯，晚上不再使用纸尿裤，而且很少尿床。

所以，我们不要因为孩子的表现不符合某位专家的观点或是说法而感到焦虑万分，因为专家和研究者们往往是根据大多数孩子的平均情况而言，不能穷尽所有孩子的情况。这一点，我觉得做父母的一定要有变通的智慧，不能把专家的育儿指导学得太死，光顾得看书，却不看孩子。再专业的知识也是死的、固定的，而我们眼前的孩子则是生动变化的，任何时候，我们都应该具体看孩子的情况，而不应盲目执着于书本或是专家表达的观点。我这样说，并不是贬低专家的观点，更没有轻蔑科学育儿知识的意思，只是提醒大家，把孩子放在最需要观察和参照的位置上。

虽然对于要不要把屎把尿，无论是专家学者，还是广大的父母们，始终没有定论，可谓众说纷纭。就我个人而言，我反对一切强迫孩子的做法，尤其是把屎把尿这件事情。不管是小孩子还是大一些上幼儿园的孩子，我都目睹过很多父母硬性要求孩子去上厕所，招致孩子的很多不爽。基本三岁以上的孩子，都能准确报告自己的大小便，家长实在没有必要那么专注于孩子的这件"隐私事"。说到底，还是要看孩子自身的生理特征和规律。比如我家小宝儿大便信号非常明显，发呆用劲儿，先放几个臭屁等。而且她大便非常有规律，基本都是每天固定的时候，所以从6个月以后，我们都按时把她，非常准，拉完她总是很享受很活跃，拉的时候也特别专注。

依照著名精神分析理论学派代表人物弗洛依德的观点，12～18个月之间，个体的心理性发展阶段属于"肛门期"，这阶段的主要特征便是通过排泄和控制排便获得满足，最终接受与如厕有关的社会控制。由此可见，能够

有爱的管教更有效
儿童心理专家跟你一起养育孩子

控制好大小便的孩子就可以考虑入园了，入园并没有十分确切的生理年龄，而是要依照孩子的自身发展，在懂得控制大小便的阶段，孩子们也就能理解并遵守很多社会集体规则，逐渐融入集体生活。

当我觉得特别忙特别累的时候，就很享受一个人待在卫生间里的时光。很久以前，是翻看报纸和书籍，后来和大部分人一样，我们抱着手机翻阅微信。我不想说这是好还是不好，但我觉得那个时光真的很享受，可能排泄本身就是畅快的感觉吧。

除此以外，如厕也能带来一些意想不到的收获。我记得小时候，家里厕所里都是一些用过的旧本子，爸爸是老师，家里有些是学生的卷子或者作业纸，我就是看着那些学生的作业上的厕所。在那里我知道了两件事情：一是钢笔或圆珠笔写错字以后，原来不一定要擦掉，是可以在原来的字上改来改去的；二是原来数学作业也可以用圆珠笔或是钢笔来写，不一定非要用铅笔写。这些小发现，对于没上小学的我来说，实在是受到不小的启发，因为，那时的我只能用铅笔写字，如果写错了，就要用橡皮擦得干干净净的，重新写。

刘德华关于《马桶》的那首歌刚出时，我特别不理解，而且觉得很俗，心想名人真是不一样啊，什么都能写成歌。后来，随着年龄的增长，越来越能体会歌里想要分享的意思，让我们重温一遍歌词吧：

我的家有个马桶马桶里有个窟窿；
窟窿的上面总有个笑容笑人间无奈好多每个家都有马桶每个人都要去用；
用完了以后逍遥又轻松保证你快乐无穷每一个马桶都是英雄只要一个按钮；
它会冲去你所有烦忧你有多少苦痛你有多少失落它会帮你全部都带走；
每一个马桶都是朋友可以真心相守一辈子你都不能没有我的秘密太多；
我的梦想太重你会慢慢地懂亲爱的马桶每个家都有马桶每个人都要去用；
用完了以后逍遥又轻松保证你快乐无穷每一个马桶都是英雄只要一个按钮；

它会冲去你所有烦忧你有多少苦痛你有多少失落它会帮你全部都带走；
每一个马桶都是朋友可以真心相守一辈子你都不能没有我的秘密太多；
我的梦想太重你会慢慢地懂亲爱的马桶每一个马桶都是英雄只要一个按钮；
它会冲去你所有烦忧你有多少苦痛你有多少失落它会帮你全部都带走；
每一个马桶都是朋友可以真心相守一辈子你都不能没有我的秘密太多；
我的梦想太重你会慢慢地懂亲爱的马桶。

♡ 逐渐发展而来的如厕能力

孩子从一出生，就开始排便。在一段时间里，在屎尿这件事情上，孩子们做得很随意，完全没有规律和章法可言。几个月之后，他们的大小便有了一定的规律，但却完全没有自理能力。那么孩子什么时候才能自己上厕所？什么时候开始进行如厕训练？这是很多父母困惑的问题。

恰如很多父母前来询问，孩子多大上幼儿园合适呢？尽管官方规定的年龄是三周岁，但实际上在孩子的教养中，很多事情并没有一个严格的时间点，因为每个孩子的先天基础都存有差异。如同春天里，有的树木已经开花，有的已经吐叶，有的却没有丝毫变化一样。我通常会告诉父母，如果你的孩子已经具备了基本的自理能力，比如可以独立吃饭、睡觉、表达自己的需要，并且能够忍受跟父母分离一整天，那么孩子就可以送到幼儿园，所以有的孩子两周岁以后就能适应幼儿园生活。但如果孩子已经四岁，还不具备这些能力，那也是不适合送到幼儿园进行集体生活的。所以，年龄不是我们对孩子生活安排进行判断的唯一标准，除了年龄指标，还需要考虑到孩子的实际发展情况。

回到如厕训练这件事情，如果非要给一个时间点的话，最早不要早于1岁半。尽管，你身边可能有很多热心人会建议你一岁左右就开始撤掉孩子的纸尿裤，开始进行如厕训练，也不乏有很成功的榜样，比如有人会很得意地跟你分享，"能够准确地把握孩子的尿点"或是"带孩子一整天都不会尿湿裤子"这些事情，你千万不要羡慕，因为这实在没有什么好羡慕的，你的孩子迟早懂得自己该去拉屎撒尿。早有这种能力的孩子，也并不一定是孩子本身自己就懂了，而是成人的得意代劳。这在某种程度上，会剥夺孩子感知自己身体的权利和机会。让孩子在如厕这件事情上，完全依赖于成人的提醒。

我比较建议父母们在孩子两岁以后开始进行如厕训练。除了根据年龄，孩子也会给我们成人一些提示，提示我们可以对他进行如厕训练：比如孩子对自己的身体越来越熟悉，偶尔能够觉知生理需要，用明显的肢体语言或是简单的口头语言表达自己的需要；孩子喜欢得到父母的表扬，即使舍不得，也能够在父母的引导下送东西给家人和小伙伴时，表明孩子有主观想要表现好的动力。当孩子发展出这些能力时，父母再结合年龄考虑，就能够判断出是否可以开始进行如厕训练。

从心理发展规律来看，根据弗洛伊德的观点，三岁前处于口唇期和肛门期，很多两岁多的孩子会对跟肛门有关的活动表现出极大的兴趣，正是训练的好时机；3～6岁处于性器期，孩子关注到生殖器，此时需要让孩子明白，暴露生殖器这样的事情，需要在一个特别的、别人看不到的地方进行。让孩子逐渐懂得有些事情要避人、遮羞。因此，两岁以后的宝宝应该进行如厕训练，不应该出现随地大小便的行为，这对孩子日后文明社会行为的塑造有着很大的影响。

2014年有个新闻，标题是《大陆孩子街头小便遭港人围堵》，当时引发很多热议。暂且抛开各类观点，仅从孩子自身成长来看，这种现象显然是父母教养的失误。对于孩子不能憋尿，无法完全控制自己这一点，我们不能给予任何指责。但当孩子本身没有很好的如厕能力时，父母则有义务做好预防措施，比如要为孩子准备好纸尿裤。预估时间差不多了，提前带孩子去洗手间排尿，日常带孩子的时候，父母也要有这种意识，在淘气堡、儿童早教中心等公共场所玩耍活动时，一定都要为孩子做好准备。一方面，能维护良好的公共环境；另一方面不仅让孩子从小懂得如厕文明，也能避免因为如厕，打扰孩子参加活动，无形之中让孩子注意力被迫打断，这样一来，实在得不偿失。

所以，你有没有在合适的时间段里，对孩子进行如厕训练，想要不提前也不落后，你就要认真观察自己的孩子。因为孩子在这方面个体差异大得惊人，比如有的孩子不到一岁，夜间就可以不用纸尿裤，而有的孩子直到四岁，夜间还要穿着纸尿裤才能安睡，否则就会尿床。你的孩子你做主，何时开始，你要慎重以待。考虑到孩子的自身条件，这就是爱，知道要对孩子进行如厕训练，这就是管教。

怎样进行如厕训练

当孩子已经准备好学习上厕所，是不是就意味着教给孩子一两次，他们就能完全掌握了呢？显然不是。事实证明，大多数孩子都需要一年左右的时间学会上厕所这件重要的事情。而且，还会出现倒退和反复的现象，比如好久不尿裤子，过段时间又开始尿，这些都属于成长中的正常现象，说明孩子还不能完全控制好自己而已。

让孩子持有自主权和控制权，是最为重要的内容。因为，此时孩子已经有清晰的自我意识，明白自己是独立于别人的另一个体。由此，他们也就知道什么是自己的，什么事情应该由自己做主，自己能控制什么事情。在上厕所这件事情上，父母必须赋予孩子权利，让他们可以自己说了算，孩子说想上就上，孩子说没有就不上，父母千万不要自以为是地强迫孩子去上厕所。虽然有时证明父母是对的，孩子是错误的，即便如此，父母也不应该强迫孩子，替孩子决定要不要上厕所。尿湿弄脏衣服，本身就是对孩子的一种反馈，父母要相信孩子的身体能够从这些反馈里汲取经验，下次进行更精准的决策。孩子判断失误时，父母要跟孩子说没关系，要安抚孩子，父母可能想不到，其实在判断失误后，孩子内心通常会非常内疚和自责，从他们之后恼怒的表情里你就可以获知。此时孩子那种难受的感觉，绝不亚于赛马时你押错注后的懊恼。所以，这时父母所表现出的谅解、关怀和帮助，才是孩子最需要的"爱"。

循序渐进带着孩子学习每一个步骤和细节，这一点也很重要。那些父母认为再简单熟悉不过的事情，对于孩子来说，可能是一份很艰难的任务。比如，跟脱下裤子相比，提裤子就是一件很难的事情，孩子往往只知道用力拽前面的裤子，却并不知道还要拽后面的裤子，否则小屁股就会露在外面。所以父母需要部分协助，让孩子逐渐学会整理裤子。

如果条件允许，为孩子准备小马桶，男孩子，最好在卫生间墙上挂一个小便池。因为上厕所这件事情不能凑合，它本身是一件极其放松的事情。孩子坐在大马桶上不仅会不舒服，还有可能会害怕，担心坐不稳会掉下去，如果孩子强烈要求使用大马桶，那就随他吧，满足他。男孩子的小便池一定要注意高度，尤其是当便池过高时，孩子解小便会很不舒服。如果孩子拒绝上厕所，也在情理之中，绝对值得同情，可以理解。总之，在训练孩子上厕所时，你有多善解人意，你为孩子的安排有多么人性化，就说明你有多懂得爱你的孩子。这份用心非常宝贵，但用金钱买不到，却可以通过爱得以实现。

再有一点需要注意的是，全程训练阶段，不要让孩子感觉到压力和被迫。如果孩子对把尿很抗拒，就不要过于强迫，拉和尿是很自然的生理反应，只要稍微提醒就够了。如果尿了，不要立即更换衣服，让孩子体验一小会儿不舒适，有助于他下次主动尿。

有时孩子上不好厕所，会给父母带来很多清洁上的琐事，继而引发父母很多负性情绪。遭遇这样的境遇时，父母要深呼吸，淡定一些，也可以试着蹲下来，抱抱自己的宝贝儿，说上一句"我爱你！"拥抱这个幼小的个体，感受他的小心跳，闻着他的香气，你整个人都会柔软下来。接下来的事情，你自然知道要怎么做。孩子此时的学习，就是要反复练习，手把手地教给他们。

有的孩子是拒绝马桶的，比如有位妈妈就很郁闷：她的儿子已经三岁半，而且也上了幼儿园，各方面都非常好，小便也控制自如，就是大便这件事情令人头疼。孩子从来不在幼儿园大便，说自己拉不出来。每次都要使劲憋着，回家大便，而且强烈拒绝坐到马桶上面，一定要站在地上，把便便拉在纸尿裤里。

孩子的其他方面的自理能力毋庸置疑，语言也发展得很好，就是这一项让人匪夷所思。怎么办呢？只有一个办法就是"引导+等待"，绝不可以强迫孩子，那样只会适得其反。妈妈知道孩子喜欢小猪飞侠，就自己创编小飞侠上厕所的故事，鼓励儿子以小猪飞侠为榜样进行模仿，终于让儿子一点一点消除了对马桶的抗拒，再也不用穿着纸尿裤站着大便。在这个案例中，为了训练儿子在马桶上大便，他的妈妈用了将近一年的时间。从心理学的角度来看，孩子极有可能是某次无意间习得这样一种方式，或是认为这样的方式更加安全可控，于是便习惯于这样的"非常态"拉便，在某一阶段内按照同一模式，能够为孩子节省很多心力，以便有精力去应对更多的新环境。在孩子熟悉了幼儿园生活，就会逐渐去除"习惯化"，转而接受新的拉便方式。

这就是我想提醒各位父母的，即使是"有爱的管教"，也不一定会马上奏效，也需要时间的积累，因为我们投入的对象是孩子，孩子的成长不可能一蹴而就。尽管如此，我们仍然要坚持"有爱的管教"，因为这种不功利的、温和的、尊重孩子的教养方式，会让孩子终身受益。比如前述男孩的妈妈就发现，自从孩子学会在马桶上大便以后，他也开始在幼儿园里大便，再不用难受地憋着；一向内敛不善言辞的孩子，在跟同伴游戏的时候越来越放松，爽朗的笑声越来越多，社会交往更加自在，胆子也越来越大。以后孩子再遇到什么难以克服的难题时，妈妈就可以用发生在孩子自己身上的这个成功例子鼓励他，真的是再也不用担心孩子的不适应啦！

似乎，对于这个小男孩来说，大便是他生活中的一个非常关键的问题。一旦这个问题解决了，其他问题都迎刃而解，所以不得不说，如厕，对孩子来说，真是天大的事儿呢！

♡ 意想不到的如厕烦恼

如果，你觉得上厕所是孩子在小宝宝阶段才需要你关注的问题，那你就大错特错了。因为大一些的孩子同样会有上厕所的烦恼。我们来看一个例子：有个小男孩，两岁多就开始在我们幼儿园上亲子班。这个孩子白白净净，瘦瘦小小的，不怎么爱说话，非常乖巧。老师稍微说话大声一点，他就会吓得不敢说话，甚至哇哇哭起来。入园之初，姥姥说，这个孩子从小胆小，不活泼，她很担心孩子上幼儿园不适应，被其他孩子欺负。一年后，姥姥找到我说，她担心的事情还是发生了。孩子已经上了中班，其他孩子上厕所都没问题了，可他还会尿湿裤子。姥姥很担心，是不是孩子在幼儿园太紧张了？为什么这么久了还会尿裤子呢？

我先跟姥姥了解了一些情况，比如孩子每天喜欢来幼儿园吗？他在幼儿园里有好朋友吗？姥姥说，孩子很喜欢来幼儿园，每天都是高高兴兴的。和班上的几个男孩子玩得特别好，和一起学小提琴的伙伴们玩得也特别好。根据姥姥对一些具体情况的描述，基本可以排除孩子紧张的可能性。因为在园期间长期处于紧张的孩子，是不会喜欢来幼儿园的，一定会有抗拒的表现，而且也很难交到好朋友。

随后，我去跟班上老师了解了孩子的情况，老师反馈孩子在班上做事很主动，比如请他一个人单独站出来讲故事表演时，也能落落大方的，孩子尿裤子的频次也没有姥姥担心的那么多，一个月最多一两次。在一些户外活动和自由活动时，我也单独观察了这个孩子，他虽然不是那种特别活泼的孩子，但很阳光，会主动呼唤同伴，拉同伴的手，脸上总是泛着光，很喜欢笑。而且这个孩子做事很认真，比如在绘画或捏泥时，不急不躁，很有耐心，注意力也很集中。汇集了种种信息，更进一步排除了焦虑等心理因素。

于是，我建议姥姥带孩子去医院做个检查，进行身体排查，因为有些孩子会因为轻微炎症或是其他身体疾病，导致有尿失禁等控制不好的情况发生。从医院回来后，姥姥彻底放心了，医生检查没有任何问题，孩子一切都很好。由此推断，四岁还偶尔尿裤子，对孩子来说不存在任何生理和心理疾病的隐患，我更愿意称这种现象是个"意外"。

应对这种"意外"，父母家人越是放松，孩子的情况越会良好，大人越是紧张，越有可能使孩子的情况恶化。因此，我建议姥姥对孩子的情况采取"战略上藐视，战术上重视"的原则：当孩子尿裤子时，态度上要尽可能地"幽默"，可以对孩子说，"哇哦，又给你的裤子洗澡了"，甚至什么都不说，安静更换裤子即可；指导上尽可能地"具体"，可以建议孩子，"户外活动之前先去个厕所吧！"之所以要幽默，是因为这样可以避免孩子的尴尬，伤害到他的自尊，对于内向胆小的孩子，更要让他学会"对于窘境，可以幽默以待"。之所以要具体，是因为学龄前的孩子更需要可操作性的建议，空洞泛泛的内容容易让孩子不知所措，很难把握。假设此时含糊地建议孩子，"玩之前先去厕所"，那孩子就容易不得要领，很难执行。

很幸运的是，孩子的情况在半年里就得以好转。姥姥再次见到我时，夸奖我的办法有效。也许，我的办法确实有些小小的效果，但我不想神化教育的作用。我觉得更重要的是，我教给了家长如何排查和诊断遇到的问题，是疾病？是障碍？还是"意外"？我告诉姥姥，成功秘方在于您自己，一是态度上放松，二是懂得等待孩子自然成长。从生理发育来看，四岁时孩子控制大小便的生理会完全成熟，得到最终的完善。所以，中班下学期孩子问题消失，在某种程度上更是自然成熟的结果，家庭给予的支持，是最大程度上保护了他的自然发展，没有拔苗助长，也没有让孩子妄自菲薄。

如今，男孩子已经九岁，上小学四年级，长成一个超级活跃的小伙子，上台演讲、参加足球比赛、音乐会上独奏小提琴，可谓无所不能。谁能想象这样一位阳光少年，当年是个总尿裤子的孩子呢？再次遇见他姥姥时，姥姥总会忍不住笑着说，"我真没想到这孩子会变成这样，早知道他这样，我就不那么担心啦！"听了姥姥的话，我不禁想到，谁能有那种先知先觉的能力呢？对孩子充满信心，应该是对孩子最大的支持和信任，因为被信任支持的孩子，都不会表现太差。

如厕，这个孩子每天都在做的事情，对于有的孩子来说，的确是天大的事情。从本质上来说，如厕规律是孩子身心放松的一个重大指标，当孩子在陌生的环境里，或是心理有压力的时候，最容易表现在如厕上面。

此时，你也许会发现，养育中有爱的管教有时就是一段耐心踏实的等待。

第 3 章
睡觉——从小开始的分床睡

> **养育要点：** 孩子的年龄越小，所需要的睡眠时间越长。婴幼儿阶段，孩子的大脑飞速发展，即使在熟睡阶段，大脑也没有停止发育，好的睡眠，和营养摄入、后天丰富的环境经验等一样，对大脑发育有着很好的促进作用。养育中，父母需要处理好孩子的入睡、起床和做梦等问题，这期间很多时候会涉及到孩子的情绪问题，因此父母们要在睡眠这件事情上充分了解孩子的心理需求，提高游戏力，让孩子高兴地睡觉和醒来。对于分屋并没有统一的时间，在孩子没有准备好，或是二宝刚出生等敏感时期，切忌不可强迫孩子离开父母的房间，独自去睡，但是我会强烈建议让孩子从小跟父母分床睡。

♡ 孩子们的睡眠规律是怎样的

和如厕能力一样，孩子的睡眠规律也是逐渐建立起来的。也许，你渴望拥有婴儿般的肌肤，但是，你绝不会想要拥有婴儿般的睡眠。因为婴儿的睡眠往往是一阵一阵的，表现出很不踏实的样子，每一次他们都不会睡太长时间，基本上都是两个小时左右。到了大约四个月大时，大部分的宝宝就能在晚上连着睡上六个小时了，白天的睡眠也会变得更加有节律。半岁左右，宝宝的睡眠日趋规律，一晚上连续睡六七个小时没有问题。到了一岁左右，几乎所有的宝宝都能整晚熟睡。

发展心理学家认为睡眠是一个循环过程，每个人通常会经历四五个过程，每个过程里又包含熟睡和快速眼动时间（REM），简单对应来说，REM就是我们的做梦时间。小宝宝同样有这样的过程，在十四个小时左右的睡眠时间里，宝宝会有三分之一的时间似乎是在做梦。但宝宝究竟是不是真的在做梦，目前研究者们还不是很清楚。考虑到小宝宝的经历十分有限，所以他们也没有太多的内容可以用来做梦。

因此，最好从出生开始，就为宝宝安排一个独立的小床在父母大床的旁边，让宝宝和父母同屋但不同床来睡觉。小宝宝睡觉的步调与外部世界并不一致，他们往往是白天睡觉，晚上清醒。这无形之中剥夺了父母夜间睡觉的权利，导致在宝宝刚出生的几个月里，父母要疲惫地应对宝宝夜间的饥饿，并安抚他们的哭闹。令人感到幸运的是，我们的小宝宝并不会总是这样，他们会逐渐习惯于成人的模式，与外部世界相一致。夜间带宝宝睡觉的父母，此时也终于熬出了头。

孩子三岁以后，虽然和父母睡眠基本同步，但是很多家长在养育中，经常为孩子的睡觉问题而痛苦不堪。比如该到睡觉时间了，孩子不肯睡觉，要继续玩玩具；早上该起床去幼儿园了，孩子却怎么都叫不起来，每天早上如同打仗一样；更让父母担心的是，很多孩子在最初入园时，不能进行午睡，哭闹不止。因此，幼儿阶段，睡眠仍是父母养育中十分亟待解决的问题。

第一部分
身体日常篇

♡ 怎么睡眠让孩子更聪明

0~6岁是孩子学习能力发展的黄金时期，孩子生而具备学习的欲望和潜能，全面学习能力的整体提升远比单纯智力的发展更重要。虽然大家都知道，幼儿时期宝宝的大脑发育非常迅速，但是，您知道这些神速的发展都发生在什么时候吗？除了白天，我们能观察到的孩子的听看摸闻等各类好奇和探索，还有一个重要的时段就是孩子熟睡的时候。虽然这个时候，孩子没有做任何事情，但是他们的大脑内部却在飞速地运转，神经网络逐渐变得复杂，相互联结，这些联结十分重要。因此，好的睡眠对孩子来说至关重要，不仅保障他们第二天的精力充沛，还能保障大脑的进一步发育。很早就有研究者提出，睡眠时的思想有着非凡的价值，睡梦中探索和学习仍在继续。例如，在上有机化学时，老师也说过苯酚环的结构就诞生于睡梦中。这也许只是后人的杜撰，但说明睡梦中思考继续而且很有意义。目前，仍有相当一部分科学家坚信，睡眠有助于发展创造力。这些都使得我们更加关注孩子的睡眠规律和质量。

当孩子还是个小婴儿时，会经常睡觉。研究者们发现，人类从很小的时候就有快速眼动的睡眠阶段，即大脑在活动，或者如我们通常说的做梦时间。研究者们多年前在成人个体上就发现了这一规律：那些在快速眼动阶段总是被唤醒的被试者，第二天更容易烦躁和不安，心情精力都会表现得比较差。

国外的一项调查显示：婴儿每天睡眠充足与否，与学习成绩的优劣呈正相关。如果睡眠不足，大脑疲劳长时间得不到恢复，将会导致反应迟纯、注意力不集中、记忆力和理解力下降，由此研究者认为睡眠对婴儿的智力发育作用重大。科学研究还发现，婴儿在熟睡之后，脑部血液流量明显增加，因此睡眠还可以促进脑蛋白质的合成及婴儿智力的发育。小孩子如果睡得很好，醒来时精神也会好，白天就能接收更多的信息。如果他睡得不好，醒来时状态不好，就会不易接受周围的事物。

既然睡眠对孩子如此重要，那么在睡觉这件事情上，我们家长就需要注意以下内容：

1. 固定时间、固定地点。虽然有很多早教专家告诉我们，孩子的适应能力非常强，可以随处睡，也有很多辣妈带着年幼的宝宝到处旅行，但是，这些晒出来的结果背后并不是那么有意义。因为孩子们最喜欢最需要的仍然是在固定的"小窝"里，闻着熟悉的味道，安然入睡。所以，不是特别精心的安排，或是万不得已的安排，都建议孩子太小时不要过早旅行，避免忍受旅途的劳累，让他们有充足高品质的睡眠才是最为重要的。孩子的旅行，可以等年龄大些再开始，一点儿都不迟。

2. 父母亲自哄睡。很多父母工作忙碌，没有时间带孩子。但是，晚上下班之后，是父母"弥补"孩子的最佳时期。有些年轻的父母考虑到白天工作辛苦，于是被迫"狠心"地把孩子的夜睡抛给祖辈或是保姆，这是很不好的一种做法。我们在2012年对入园的200多名新生父母养育行为进行调查中发现，超过一半（54%）的母亲报告说，总是哄孩子入睡，而同样也有一半以上（58%）的父亲报告说，偶尔哄孩子入睡。由此看出，父亲和母亲在哄孩子入睡这件事情上存在着较大的差异，睡前时间妈妈陪伴孩子的情况更多一些。

随着孩子年龄的增长，他们的睡眠会越来越好，也可以说孩子晚上睡觉越来越好带，既然选择了生孩子，还是自己亲力亲为比较好，辛苦两三年，亲自带孩子睡觉吧。如果遇到孩子晚上突然惊醒的时候，爸爸妈妈无疑是能让孩子情绪迅速好转的最佳人选，父母能在这一时刻带给孩子莫大的安全感。

3. 分床不分屋。很多家长困惑，要不要孩子从小独立在自己的房间睡觉呢？有很多妈妈说，国外都是这样的。曾经一位保姆跟我讨论，真的要让孩子自己睡一个房间吗？她的雇主是一位从美国回来的华裔，奉行美国的教育理念，小女儿从出生开始就独立睡在一个房间，有时晚上哭醒，保姆说去看的时候，好几次看到孩子扶站在有围栏的小床内流泪找妈妈，可怜极了。这位阿姨说，她可舍不得让那么小的孩子自己睡。

没错，很多西方国家习惯于将孩子安排在儿童房。但是每个国家民族都有自己的文化和抚养孩子的方式，我还是比较推荐宝宝和成人在一个房间，但是要睡在自己的小床里。将宝宝的小床安放在父母的大床旁边，这样既能让宝宝有相对独立的空间，又能感受到父母就在身边。宝宝有自己的小床，从安全卫生的角度来说也会更好一些，比睡在父母的大床上要好很多，从而也能保证父母的睡眠质量。

有的家庭里有男孩有女孩，所以父母们很想知道孩子到了多大就必须得分屋而睡。其实，这也是没有非常统一的时间点。是否分屋，在一定程度上还要取决于家庭内房间的数量，有些家庭居住条件有限，儿子和女儿住在一个房间也未尝不可，可以放两张单人床，在床之间拉上一个帘子，保障孩子们的隐私。

如果家里房间充足，只要孩子同意，随时都可以分屋去睡，但是恰恰是很多时候，孩子都会选择赖在父母的房间，不肯搬出。此时，如果父母强硬地要求孩子搬出，或是在孩子睡着以后，"偷偷"把孩子抱回他自己的房间，孩子都会产生极大的抵触情绪，会误以为爸爸妈妈不再爱自己了，也会编出很多"谎言"，以期望得到父母的同情，允许他们继续留在这里。他们可能会说怕黑、怕大怪物、喜欢摸妈妈的头发等。这些做法的失败之处，常常是由于没有让孩子感受到父母浓浓的"爱"，只是感受到了父母严厉的要求。

建议此时要早早给孩子设定一个目标，比如孩子三岁时，跟他说四五岁时就要去自己的房间里，让孩子有个充足的思想准备。在这个准备的过程中，家长可以时常陪孩子在他的房间里睡一睡，记得是在孩子的房间陪睡，这样更容易让孩子对自己的房间有归属感，为以后独立睡奠定基础。为了保证孩子以后的生活和学习，最晚也要在小学开始时就要让孩子自己去睡，这样孩子有独立的学习空间，也可以鼓励他整理和管理自己学习用品和衣物，这些日常小事都能让孩子更具独立性。切忌不要无休止地"宠爱"孩子，以至于很多孩子在上了初中高中时还要和妈妈睡在一张床上，而爸爸每次都被安排到沙发或书房去。也有的家庭是，爸爸带儿子睡觉，妈妈带女儿睡觉，一个家庭整个成了男生女生宿舍。长此以往，夫妻间的感情自然淡薄，而孩子长期霸占任何一方父母，对他本身的发展也是不好的，不能在睡觉这件事情上实现"及时断乳"，乃至影响到孩子的人格发展。这种状况可能也是我们中国特色养育孩子的现状。

在这个分屋的过程中，孩子可能会提出很多质疑，比如他们会说："这太不公平了！爷爷奶奶在一个房间，爸爸妈妈也在一个房间，为什么只有我要一个人孤零零自己在一个房间呢？"父母不要被孩子的问题吓到，有时他们并不需要合理的答案，你只要告诉他们，夫妻就要在一个房间啊，你长大结婚了，也会跟自己的爱人在一个房间。爸爸妈妈小时候，也是自己一个房间的，自己一个房间有很多好处，慢慢你就会发现。

为了鼓励孩子爱上自己的房间，父母可以带着孩子一起布置房间，选择自己喜欢的物品，放入一个小夜灯，也是不错的选择。在父母一方遇到出差不在家时，最好不要轻易答应孩子回父母那里去睡，因为这样一来，孩子内心就会很盼望父母一方出差，如果父母不再出差，就会产生积怨。可以通过多在孩子的房间陪他一会儿表达对孩子的爱，然后则要坚持原则，鼓励孩子睡个好觉。如果孩子特别依恋父母，或者是家里有了二宝，大宝嫉妒，就可以跟孩子一起制定计划，比如每周在周五或周六选择一个晚上，邀请孩子回父母房间睡觉，这样适度满足孩子的内心需要，又不妨碍培养孩子独立睡眠的好习惯。总之，一定要让孩子有机会体验到爱，再进行要求和教育，才能实现有效高品质的养育。

4. 尊重孩子的睡眠小嗜好。每个孩子都有自己独特的兴趣，比如有的孩子喜欢揪着妈妈的头发入睡，有的喜欢吃着安抚奶嘴，有的喜欢被摇晃入睡，有的喜欢妈妈哼着歌，有的喜欢听着音乐，有的喜欢揪着爸爸的耳朵，有的喜欢吃着自己的手，尤其是宝宝一岁半之后，可能更喜欢抱着自己的小被子、小枕头或是一些毛绒小玩具入睡，建议这个时候，成人完全尊重孩子，允许他们这样做，这种允许，就是我们说的爱。因为只要保证安全卫生，这些小满足能够在很大程度上增强宝宝的安全感。千万不要为了培养宝宝的"勇敢""抗挫"或是"独立"而忽略或是剥夺宝宝的这些小嗜好，因为此刻并不是最佳时机，因此父母要多用心观察，为宝宝营造让他感到舒适的睡眠环境。

♡ 如何哄孩子入睡以及叫他们起床

孩子睡觉通常需要一个准备的过程，除非孩子玩得太累了，他们才会秒睡，否则大部分孩子都需要半个小时到一个小时才能进入睡眠状态。懂得了孩子的这一特点，很多父母，尤其是父亲恐怕就不会采用"命令"的方式强制孩子去睡觉。我们可以通过一些孩子感兴趣的事情，把他们"引诱"到床上去，比如神秘地说"谁想听我讲故事？"或者"咱们比赛，谁先躺到床上去谁就是第一名！"还可以说："你的小枕头啊可想你了，它都一天没有见到你啦，它在想，是不是你不喜欢它了，为什么总不去找它呢？它可能要伤心了！"可以充分利用小孩子"泛灵论"（认为一切事物都有生命力）以及超级喜欢拟人化游戏的特点，让孩子感觉不到管控，能够在有趣的游戏过程中养成定点睡觉的好习惯。

尤其是冬天出去玩不方便或是孩子白天运动量不够，体能消耗较少时，可以带着孩子在房间里，床上床下疯一疯，玩些蹦跳或是翻滚游戏，想办法把孩子的"电"给耗光，只有这样，孩子才会心甘情愿地去睡觉。

大多数上了幼儿园的孩子，早上起床时很难是自然醒，这时就很需要父母的叫醒。有些父母抱怨说："每次叫孩子都胆战心惊的，不知道哪里又惹到他，一大清早就哭个没完没了，让人烦极了！"孩子年幼，自控力很弱，从一种状态（睡眠）到另一种状态（清醒）的转换能力较弱，父母不要跟孩子较劲，要想办法让孩子觉得这是一个有趣美妙的早上，不是一个被训来吼去的时间。孩子的清醒一定要从身体开始，可以为孩子轻轻挠一挠后背，揉捏一下小屁股，在耳边吹吹气，轻轻爱抚孩子的额头，总之最好有五分钟左右的苏醒按摩，这样被叫醒的孩子通常心情愉悦，早上出门配合度也超高。之所以神奇，是因为孩子能够从父母的肢体语言里读到爱。这跟父母从被窝里把孩子生拉硬拽出来相比，养育效果自然有着天壤之别。

第 4 章

运动——四肢发达头脑才能不简单

> **养育要点：** 父母有时真是很矛盾的，在孩子没有运动能力的时候，父母总是希望孩子能够赶紧长大，跟别的小朋友一起蹦蹦跳跳地跑着玩，但是孩子一旦有了这些能力，父母又会放心不下，生怕孩子摔倒伤到，恨不能把孩子拴在身边，才能让悬着的一颗心踏实下来。

♡ 孩子应该掌握哪些运动技能

真正爱孩子的父母，不会想办法把孩子拴在自己的身边，而是尽一切可能，让孩子到更加广阔的天地里驰骋。所以，在本章一开始，我就想提醒你，如果想要更好地养育孩子，就让他们参与各种运动吧，你一定会有惊喜的发现。

很多父母可能对孩子的翻身、站立以及爬走等运动能力有比较清晰的了解，但是孩子到了 3 岁以后，就不是特别关注孩子的运动了，一是大部分孩子在这个年龄都具备了基本的运动能力，另外也是很多父母，认为孩子上了幼儿园，有老师们在那里负责教育和把关呢，自己就不再需要操心孩子的运动。毫无疑问，幼儿园老师会带着孩子们进行丰富多彩的体育游戏活动，但是，孩子的户外时间毕竟是有限的。因此，幼儿园阶段还需要我们的父母，在孩子放学后或是周末多多带着孩子去参加各种感兴趣的活动。

还有一点需要提醒大家的是，孩子的运动必然也是游戏有趣的形式，不可枯燥无味。比如有的家长为了锻炼孩子的四肢，就会模仿成人的模式，让孩子反复做一个动作，增加肌肉，这不仅让孩子反感和抗拒，缺乏趣味性，而且也是严重违背孩子的身体发育规律的，甚至给孩子带来身体上的伤害，因为此阶段孩子需要更多的协调的体育游戏，而不是单调的体育动作。

在粗大运动方面，到3岁的时候，孩子已经掌握了很多技能，双脚跳、单脚跳、两只脚交替跳、跑步。到了4～5岁时，他们对肌肉的控制越来越好，使得技能更加精细化。例如，在4岁时他们能够准确地向同伴传球，5岁时他们可以将一个套环扔到1.5米外的一个柱子上。5岁儿童可以学会骑自行车、爬梯子、滑雪，这些活动都需要相当程度的协调能力。

总体上来看，3岁是孩子运动水平里程碑似的年龄阶段，男孩子会更有力量，比如球扔得更远，跳得更高。女孩子则在协调和平衡方面更胜一筹。就拿上下楼梯来看，3岁孩子可以独立上，交替迈步，但是不能突然停止或者转身。4岁时能够在一定程度上控制起步、停止和转身。5岁时能够在游戏中起步、止步和转身。

在精细运动方面，3岁时，孩子能够用画笔画出封闭的圆形和方块，自己能够脱裤子上卫生间，能够进行简单的拼图，能将不同形状的木块放入相应的孔中，但是很多时候还不是很精准和完美，比如有时会硬要把一块积木塞到某个地方，此时特别需要父母的帮助和引导，否则孩子极有可能大发脾气。4岁时，能够画出人像，比如蝌蚪人，还能叠出三角形，5岁时就能适应细铅笔。如果仔细观察你会发现，孩子已经表现出利手。90%的儿童是右利手，10%的孩子是左利手，男孩子的左利手比女孩要高。

如果家长对孩子的运动能力的阶段性不是很了解，也可以向幼儿园里的保健医和老师们进行咨询，了解孩子在同龄人之间的发展水平，这比了解孩子们的考试成绩排名更有意义。遇到孩子比较弱的方面，家长一定要给予重视，及时查漏补缺。比如往返跑不达标，就可以带孩子练一练。对于孩子养育中的"取长补短"的说法，我的观点是越是年龄小的孩子越是要尽可能补短，因为发展空间较大，补上去的可能性更大。而越是年龄大的孩子，比如高中大学，我更倾向于建议取长，鼓励和支持孩子的优势发展。年幼时身体运动的"补救"更为重要。

孩子喜欢的运动游戏有哪些

在运动方面，无论是来自先天遗传还是后天养育的差异，孩子在运动能力方面都会存在令人惊奇的差异，即使是同父同母的两个孩子，在不同的养育环境里，也存有天壤之别。比如我自己的两个孩子，老大我们只为她进行了抚触，我一直以为她会自主自动学会爬行，但是直到 10 个月她还没有自学会爬行，于是我们开始对她进行训练。到了 11 个月时，她能自由爬行了，然后 13 个月时学会了独立行走。而老二则完全不同，从小我们给她做婴儿体操，相对于抚触，妇产医院教授的婴儿体操让孩子的胳膊、腿脚有了更多的运动体验，在医生的指导下，我们还扶着孩子做侧翻身、仰卧起坐、倒立等体操运动。与此同时，在二宝 4 个月时我们就准备了硬爬行地垫，时常让她在上面趴上一会儿玩耍。结果出现了惊人的差异，二宝在 6 个月时已经爬得飞快，在 11 个月时就独立行走，我们并没有强迫她去走，因为我知道爬行一定要足够，我并不在乎她晚些时候开始走。但是，她 9~10 个月时，就能小腿蹲在地上玩上很长时间，于是，我们发现她已经准备好了，她真的开始走了。在以后的日子里，她在运动方面处处表现出优势：床上前滚翻、骑行滑板车、脚踏车等都有更好的表现。这就是环境给孩子运动能力带来的差异。

正如苏联儿童心理学家维果斯基提出的最近发展区和脚手架概念，孩子的运动能力发展也离不开成人的帮助和促进。最近发展区的概念认为，即使两个儿童在没有帮助的情况下，都能实现同等程度的发展，但是如果一个儿童得到了帮助，他就会比另外一个儿童有着更大的进步。在别人的帮助下进步越大，最近发展区就越大。由他人提供的帮助或者扶持被称作脚手架，这个名字来自建筑结构中的脚手架。脚手架是学习和问题解决的支持，以鼓励儿童的独立和成长。在建构过程中，更有能力的人所提供的脚手架能够推动儿童完成任务，但是一旦儿童能够独立解决问题时就需要把脚手架移走。

运动对孩子有哪些意想不到的好处

除了能够让孩子身体康健以外，运动还有很多意想不到的益处。如果你知道，运动能够让孩子有更好的成绩、更好的情绪状态、更积极乐观的人格品质，你是不是就会更愿意让孩子去参加体育运动了呢？

这些意想不到的好处，都是源于我们在运动的时候，身体内会产生益处多多的神经传导物质，比如多巴胺、血清素和正肾上腺素。

多巴胺是一种正向的情绪物质，人要快乐，大脑中一定要有多巴胺，我们的快乐中心伏隔核里面都是多巴胺的受体。我们看到，运动完的人心情普遍比较愉快，在外面疯跑完的孩子都容易精神亢奋，脾气也会比较好，遇到事情很好商量。

血清素和我们的情绪和记忆都有直接的关系。血清素增加，记忆力变好，学习的效果也就更好。很多抗抑郁症的药都是阻挡大脑中血清素的回收，以使大脑中的血清素较多。

正肾上腺素跟注意力有直接的关系，它在面对敌人，决定要战或要逃时分泌得最多。正肾上腺素使孩子的专注力增强。所以，孩子们心情愉快、上课专心、记得快学得好，自尊与自信也就随之提升。

所以，相对于成人来说，孩子更需要动静结合，在运动中产生的神经传导物质，存于大脑之中，有助于学习，如果静的时间太长，那么之前存储的物质消耗殆尽，孩子们就会注意力涣散。鉴于此，越是对于小孩子，越要多安排让他们动起来的活动。

你可能难以相信，运动是坏情绪的宣泄渠道。家长们常有这样的困惑，自己孩子从小生活在温文尔雅的家庭环境内，家人也很注意引导孩子的亲社会行为，可是孩子还是很难有良好的情绪，还喜欢搞破坏，喜欢攻击别人。这是为什么呢？

有一种解释，人类的攻击性是从祖辈的基因传递下来的，为了生存，动物间彼此避免不了竞争，而教育的目的，就是要引导人类个体超越动物的本性，具体的方法就可以通过把本能里面的野性和攻击性转化成公平竞争的运动技能，在合理的、一定的游戏规则下发泄、缓解负性情绪。

运动能治疗多动症和抑郁症。很多专家和学者都曾提出，运动是注意力缺陷和抑郁症患者自身携带的良药。比如，目前很多医生开给多动症患者的利他林，其实就是为了增进大脑中的多巴胺分泌。如果运动本身就能分泌大量的多巴胺，为什么不采用自己分泌产生的方式获得呢？自己分泌的多巴胺对大脑没有伤害，而外来摄取的在医学界并没有统一的定论，众说纷纭，何必让孩子冒这个险呢？在幼儿园里，当孩子们被医生诊断为多动症时，我会更加鼓励孩子们通过运动进一步发展自己，而不要轻易选择药物，当然，这一点决定一定要和医生确认。目前为止我所见过多动症改善效果最好的孩子仍是通过参加大量运动。

许多带班老师都会反馈说，武术体操等需要大量注意力的运动，对于多动症的孩子非常有帮助，而且一定要坚持每天做，持之以恒，才能有好的效果。除此以外，幼儿园小朋友如果能够常常参与跳绳、拍皮球这样的活动，对于协调性的发展也会特别有好处，有条件的孩子，可以多参加乒乓球运动、围棋五子棋等运动。每天上午和下午至少达到一个小时的体育运动，对于孩子的身心发展来说，具有良好的促进作用。

其实很多被大人认为是"皮"的孩子，只要给他们一个运动空间、一点时间，将精力正当消耗掉他们就能不捣蛋了。相信大家都听过"猎人—农夫"的多动儿理论。说是在12000年前后，人类走向农业社会，开始定居下来之后，环境的改变使得过去的长处变成现在的短处了。在远古时代，如果不眼观六路耳听八方，那么早就被其他动物吃掉了，不可能成为我们的祖先；如果看到事情发生，不马上采取行动，而是三思而后行的话，也会变成别人的晚餐，活不到成为我们的祖先。

这个理论认为多动儿其实没毛病，只是生错了时空。他们容易分心、冲动、冒险性强，其实这是远古打猎采集时生存者必须的特征，人类进化到农业社会以后，这些特征才变得格格不入。也就是说，他们是"猎人"，但是要在"农夫"的社会里讨生活，所以被视为异类。

现在甚至有学者把多动症的人叫作"有爱迪生基因者"，不认为他们有病。爱迪生念小学时，被老师认为无可救药，叫他父母领回家，免得干扰别的孩子上学，但爱迪生却是有史以来专利拿得最多的人。柏拉图说，为了让人类有成功的生活，神提供了两种管道——教育与运动。我们也越来越看到，这两种管道是相辅相成、缺一不可的。

什么样的孩子或是在什么情况下孩子必须要去运动？当孩子情绪状态不好，容易发脾气；睡眠不好，难以入睡；做事不专心，专注力不够；很难参与集体活动；容易跟小朋友发生交往冲突，常常顶嘴，有亲子冲突；有自闭症倾向；身体大运动不协调等，出现上述各类问题行为时，都建议家长们要考虑从运动入手，增加运动的时间，尤其是户外有氧运动，如踢球、投球、骑车、轮滑等，当运动量足够，运动内容足够丰富时，孩子的很多问题便会自行消失。从短暂状态来看，可能是因为孩子的生活变得更有趣味性，体内分泌更多有益物质；从长期发展来看，运动极大促进大脑多区域的发展，进而在行为上有更好的表现。

第二部分

认知学习篇

可能没有哪个国家的父母比我们中国父母更关心孩子学习的了。而在某种意义上，认知水平好，就代表着智商高和聪明，接下来便是学习成绩好。

提到认知发展，不得不提到智商测验。比较通用的是韦氏智商测验。韦氏智力量表由美国纽约市 Bellevue 精神病院心理学家维克斯勒（D.Wechsler）教授制订，是世界上应用最广的个人智力量表之一。这一智力量表包括三个测量：适合 6～16 岁的儿童智力量表、适合 16 岁以上的成人智力量表和适合学龄前和学龄初期的智力量表（WPPSI）。本书中，如果没有特别说明，都指的是 WPPSI，该量表也可以用来测量比较聪明的 3 岁孩子，或者比较迟钝的 7 岁或更大的儿童。智商实际上是一个相对的分数，指一个个体在同龄群体中智力水平所处的相对位置，其前提是有一个相应年龄的常模。

在我的工作中，常有家长带来各类测量数据，请我帮忙看一下孩子的发展状态。目前，也有很多评估研究机构，自主研发，把传统的智力测量方法转换为计算机软件，系统自动得出孩子的测量结果，看起来也是比较高大上。但是，我还是想提醒家长，任何一个测量，都有可能低估或是高估孩子的发展水平，越是小孩子，低估的可能性会越大。而且，很多测试的比较，实际上是没有比较科学的常模作基础。因此，评价孩子的各类发展，我还是建议以孩子自身的现有的水平为主要依据，用心观察记录，这样更能看出，当前的教养支持，是否在促进孩子的发展。

对于小孩子的智商测定，包括两个部分，那就是语言测验和操作测验。基于这两点，大家也不难理解，为什么在养育小孩子，评价小孩子的发展水平时，语言能力和动手操作被如此重视，而且在孩子的活动中，特别鼓励孩子的语言活动，比如对话、倾听和阅读等；同时特别鼓励孩子动手操作，如瑞士著名的心理学家让·皮亚杰（Jean Piaget, 1896—1980）就说过"行动＝知识"，认为只要孩子在忙碌地做着事情，他们的大脑就在不停地运转，思维就在发展，知识就在增加。

皮亚杰的许多重要的研究成果，都来自于他对自家孩子以及邻居孩子们的观察和总结，他的主要贡献之一，就是学龄前期幼儿认知发展阶段的理论。他认为学前期既是稳定的又是变化的。他把这一时期单独分为认知发展的一个阶段——前运算阶段，从2岁持续到7岁左右。在这一阶段中，儿童更多地使用象征性符号思维，心理推理出现，概念的使用也有所增加。皮亚杰的主要关注点有：语言和思维的关系，认为学前期语言的进步反映了思维的进步，而且语言可以使儿童思考现在之外的未来；中心化，所见即所想，认为儿童注意刺激物的某一有限的方面，特别是表面成分，而忽略其他方面的过程，这一思维特点，导致儿童出现错误的理解和判断；守恒，认识到表象具有欺骗性，物体的数量与排列和外在形状无关的知识，守恒是儿童认知发展过程中非常重要的一个发展点；对转变的不完全理解，即一种状态转化成另一种状态的过程，如儿童在两个地方看到一条虫子，他们会认为这是同一条虫子，不能理解虫子从一个地方快速移动到另一个地方是需要转换过程的；如果孩子之前认识一位王叔叔，在其他地方又结识一位王叔叔，他们会很纳闷，这两个王叔叔怎么不一样？无法理解有好几个王叔叔。自我中心，不能采择他人的观点，指儿童不能考虑他人观点的思维，不能理解他人有着和自己不同的视角，使得儿童在社会生活中很难异位思考，充分顾及他人的心理感受；直觉思维，指学龄前儿童利用初级的推理以及他们的渴望来获得世界知识，4~7岁的儿童非常喜欢问"为什么"，他们喜欢表现自己是某个话题或是观点的权威，尽管很多时候他们的自信并无逻辑基础。

　　上述内容看起来可能有些抽象，我会在后面的文字当中，通过具体的事例帮助大家理解孩子们的认知发展，为孩子们提供更好的发展支持。在这一部分内容里，我主要围绕孩子的操作和语言发展，讲述记忆、科学探索、绘本阅读以及幼儿入园和小学入学准备等内容。

第 5 章

学习兴趣——如何让孩子爱上学习

> **养育要点：** 想要孩子学习好，就要注意保持孩子的好奇心和学习的主动性。有些父母过于担心孩子的未来和成绩，在很小的年龄就给孩子施压，这样盲目的做法只会带来孩子日后的厌学。学会应对孩子的各种为什么，才是为孩子爱学习打开了正确的大门。

♡ 尽快清除头脑中的"蚂蚁"

我们所说的"蚂蚁"，是指自动的消极想法（Automatic Negative Thoughts）的英文缩写 ANTs，中文翻译为"蚂蚁"。这种巧妙的比喻借鉴于丹尼尔·亚蒙博士，源于在他在《幸福脑》一书中的说法。

丹尼尔博士在书中有这样几段话语：

我们自身的思维方式会为整体思维状态奠定一个特定的基调，或者说味道。当深层边缘系统存在过度激活时，它会给思维装一个"消极过滤器"。患抑郁症的人会持续产生沮丧的想法，回忆过去的时候，他们会感到遗憾；

展望未来的时候，他们会感到焦虑和悲观；关注此时此刻时，他们也一定能找到令自己不满之处。

抑郁症患者看待自己以及这个世界的时候，他们面前仿佛有一层不透明的玻璃。他们因脑中自动的消极想法而痛苦。自动的消极的想法，是指那些充斥着怀疑、沮丧和抱怨的念头，以及他们的自身似乎能不断繁衍。

有些思维方式如影随行，但是从来没有人教过我们如何反省自己头脑中的想法，或者去质疑那些脑海中浮现的概念。

上述内容是丹尼尔博士对"ANTs"的进一步解读和说明，我发现很多养育孩子的父母，尽管没有患抑郁症，但是头脑中却有着很多"蚂蚁"，即自动的负性想法。

由于这些"蚂蚁"的存在，给我们父母养育带来很多困扰，长此以往，势必形成循环性的负性影响，我们先来看一个情境再现：

孩子正在卫生间里拉粑粑……

孩子：妈妈，我拉好了，快来给我擦屁股！

妈妈：好的！妈妈在晾衣服，让爸爸帮你去擦好吧！

孩子：不，我不要爸爸，我就要妈妈！

妈妈对爸爸：你赶紧去，记得用湿厕巾擦！

爸爸对妈妈：他不让我去，一会儿又该闹了！

妈妈对爸爸：他能闹什么呀？擦完屁股就带他去楼下玩水枪！

孩子：妈妈！快点来！我拉完啦！

于是，爸爸去了！

孩子：我不要爸爸！我要妈妈擦！

爸爸：快点儿，我给你擦！擦完就去楼下玩水枪！

孩子：我要妈妈陪我去！

妈妈：妈妈还要做饭，让爸爸陪你！爸爸力气大，跑得快，看你能不能用水枪打到爸爸!

孩子：我不要跟爸爸玩！我跟妈妈玩！

爸爸对孩子：你怎么那么多事儿！擦个屁股挑人！去楼下玩也挑人！有人陪你就不错了！

爸爸对妈妈：都是你惯的！这么挑剔！一个男孩子，用什么湿厕巾？都快四岁了，还不能自己擦屁股！

孩子：我讨厌爸爸，爸爸总说我！呜呜呜呜……

妈妈：好了，别哭了，一会儿妈妈陪你玩！

妈妈对爸爸：他不是自己擦不干净吗？最近他有些便秘，不擦干净，屁股又该痒了！孩子的事情是不少，可是对生活有要求有什么不好？你哄哄他不就得了吗？

爸爸对妈妈：你这样养孩子太累了，我们小时候谁管过我们啊！不也长这么大吗？至于这么精细讲究吗？

妈妈对爸爸：现在能跟你小时候一样吗？你小时候没条件讲究，现在卫生条件好了，就应该讲卫生，幼儿园里老师也是这么嘱咐的！

爸爸对妈妈：你这么照顾惯着他，将来能有什么出息？一个男子汉大丈夫，这么在乎小节，婆婆妈妈的，能成什么大事？

妈妈对爸爸：不就是一个擦屁股吗？又开始上纲上线，儿子怎么了？我觉得挺好，个子高高的又结实，经常帮我拿东西，多有男子汉的样子啊！你瞎担心什么啊？

爸爸对妈妈：哼！男子汉！你就等着吧，你什么都依着他，满足他，以后且有他吃亏的时候。幼儿园里老师能这么照顾他随着他吗？小朋友小伙伴能吗？外面的人能吗？

妈妈对爸爸：别人能不能我不管，我就知道我是他妈妈，我能管他照顾他的时候，我就做一下，以后再说以后的！你我自身条件都不差，我们的孩子能差到哪里去啊？我真不知道你在担心什么？

爸爸对妈妈：你太乐观了！这孩子就得从小吃些苦，锻炼一下，否则长大自控力意志力都会差，以后学习肯定也好不了！现在竞争这么激烈，成绩差考不上好的大学，只能继续吃苦！

妈妈对爸爸：那考大学还早着呢！他才上幼儿园小班，你怎么断定儿子考不上好大学？他在班上各方面都很好，你就不能不诅咒自己的孩子，祝福孩子吗？你干嘛老用这些凭空想出来的东西，吓唬自己？还吓唬我？

爸爸对妈妈：我不是吓唬谁，你到时候就知道了！惯着孩子，教育不好！

妈妈对爸爸：就一个擦屁股，你扯这么远！我带儿子下楼玩去，你做饭吧！

爸爸摇了摇头，一声叹息！

妈妈带着孩子下楼去了，孩子跟着妈妈高兴地出去了，大声跟爸爸说"再见！"

从窗户处，爸爸看着母子俩人兴高采烈地样子，开始在心里嘀咕：真是自己担心过度了吗？真是自己太多虑了？孩子这样这能养好吗？要是他以后只会撒娇学习不好怎么办？

你的家里有没有类似的场景？某位家长十分关心孩子的成长，尤其是以后的学习。但是不论是任何一位家人，如果像案例中的"爸爸"一样，就如同家里的"蚂蚁"一般，他们总会自动产生负性想法，然后在家庭生活中，把这些想法随时随地传播出来，伤害自己、伤害家人。

对于孩子，父母头脑中的"蚂蚁"会让孩子缺乏安全感，感觉不到宽容、接纳和被宠爱。纵使孩子需要独立，但在年幼的时候，往往还很需要父母的照顾。对于自身，头脑中的"蚂蚁"会让自己焦虑不安，甚至走向抑郁，感觉不到生活的美满幸福，感到孤独不被理解，有些个体天生危机意识过于强烈，乃至压迫到自己都喘不过气来，不懂得珍惜当下所拥有的，而总是在担心未来的不可控性。

还有一种可能就是，有些成年个体自身年幼阶段累积下来的焦虑压抑，一直如影随行，深埋于心，即使到了成年，为人父为人母，也未能得到化解，继而转嫁到对下一辈人的担忧上。

对于家人，我们头脑中的"蚂蚁"会严重降低整个家庭的幸福感，让家人彼此之间的争论不断，同在一个屋檐下，却感觉不到应有的关爱和理解，只能感受到双方赤裸裸的分歧和距离。

如果养育是一场没有硝烟的战争，极度需要父母双方的共同努力和付出时，一旦头脑中滋生"蚂蚁"，那么被动的一方会猛然发现，自己的"战友"早已没有了斗志，垂头丧气，甚至会随时逃亡，只因他"看到"了必输的结局。

每当遇见这样的家长，尤其遇到唠叨逼迫孩子学习的家长，我都想反复提醒：生命是个偶然，生活本已不易，我们真的需要立刻主动地清除内心深处的"蚂蚁"，否则贻害无穷。

在我看来，父母始终应该是最"信任"最"欣赏"孩子的人，相信他们会懂得勤奋和努力！因为在父母"信任祝福"中长大的孩子，从出生那一刻开始，就比被父母"担忧诅咒"的孩子更幸运！

♡ 如何应对孩子的刨根问底

从大脑毕生发展的角度来看，2～4岁可以说是个体大脑最为活跃，发展最为迅速的年龄阶段。在这一阶段也是孩子们最喜欢问为什么的阶段，关于这一部分内容大家可以参阅公众微信号里之前的文章《神奇又疯狂的四岁》。

孩子求知欲旺盛、教育环境轻松、生活环境丰富、家庭环境宽容，这些都会促使孩子喜欢提问，而且喜欢刨根问底。虽然父母都知道孩子喜欢思考是好事，但是父母也会感到困惑，孩子从不会按照套路出牌，如何回答他们那么多的奇异问题？

面对孩子的刨根问底，有时你需要用心考虑的并不是答案是什么，而是孩子到底为什么要问这个问题，他在期待着什么？他的内心需求究竟是什么？也就是，你需要逆向思考一下。

因为孩子的提问很大一部分目的只是为了交流，并不是完全为了解除困惑。毕竟有些问题，全球无解。一旦有了这样的逆向寻根思考的意识，你在应对孩子的棘手问题时，就会稍微轻松一些。

先来看一位三岁小女孩子跟妈妈的对话吧，这段对话发生在妈妈带着女儿去一间餐厅吃晚饭，在餐厅的正中间，摆放着一只超大的棕熊，跟妈妈的个头差不多。这时，小姑娘的问题来了！

"妈妈，这里为什么会有一只熊呢？"
"也许餐厅工作人员知道小朋友都喜欢大熊啊，所以放在这里！"
"为什么他们会知道小朋友喜欢呢？"
"可能他们问过小朋友吧，所以就知道啊。或者他们家也有小朋友喜欢熊，他们就知道啦！"
"哦！那为什么小朋友喜欢，他们就把这只大熊放在这里呢？"
"呃？也许他们希望小朋友来他们的餐厅吃饭，希望小朋友来餐厅吃得开心吧，所以就放在这里吧！"
"那他们为什么要让小朋友喜欢呢？为什么要让小朋友开心呢？"
"嗯，嗯！你的问题好多啊！跟你聊天真开心！菜来了，咱们先吃吧！"
"好啊！谢谢妈妈！我也喜欢跟妈妈聊天！"

你家小朋友有没有这样问过？你是如何解决的？我们不得不佩服这位妈妈的耐心和善解人意。这段对话让我们明了，孩子有时并不是需要一个固定或准确的答案，只是想发散性跟我们天马行空地聊一聊而已。

你可能很难相信，一个两年前还不会开口说话的小孩子，两年后居然就有聊天的需求啦！没错，他们就是有了这种与人交流的需求。如果你没有足够的耐心，没有充分的尊重，没有随意聊来的答案，我想你是不能够应对得如此温暖愉快，极有可能不到两个回合就打断遏止了孩子的提问。

除了上面跟孩子漫无目的地聊天交流，下面提供几个小办法，帮你轻松应对孩子的刨根问底：

1. 使用万能语句鼓励孩子热爱思考。遇到孩子问一些家长一时很难回答的问题时，可以使用"万能句"，比如"这真是一个有意思的问题""你居然能想到问这个""你很想知道为什么，对吗？""你真是一个爱思考的孩子"。

这样的回答让孩子感觉到你很重视他的思考，会让孩子内心笃定：善于思考是一件备受父母肯定的事情。

因为使用了"万能句"，你就为自己赢得了一些时间，努力想想该怎么回答，要解释到什么程度？建议大家，能解释多少就解释多少，不必过分苛求严谨和彻底。

因为孩子并不一定需要我们想的那样需要科学、彻底的解释，他们只是好奇，需要我们反复地回应。

2. 秉持开放心态促使孩子终身学习。比如孩子问："小朋友有爸爸妈妈，那小蚂蚁有吗？还有他们也有姥姥姥爷和舅舅吗？"一时间，可能家长还真是答不上来。这时，你可以回答，爸妈也不知道呢。咱们一起去查查资料吧！

也许查阅一些科普书后，你才知晓，原来个别蚂蚁的寿命长得惊人，比如蚁后寿命可长达20年，工蚁可活7天，而一只离群的蚂蚁只能活几天。如果一个窝里都是同一只蚁后的后代，那么，蚂蚁还真的很难有姥姥姥爷等亲属了。

因此和孩子一起探索，一起推测论证的过程，才是你应对各类问题的妙招。

3. 适度抽离鼓励孩子跟同伴分享讨论。小孩子往往有着他们独立的思维逻辑、朴实的哲学、生物学和物理学理论。即使家长再有智慧知识再渊博，也很难满足孩子的好奇心。很多孩子都问过这个问题：鸡生蛋还是蛋生鸡？

随着年龄增长，孩子越来越需要跟同龄人进行交流和对话，所以家长要懂得鼓励孩子去问问班上的其他小朋友，邻居的伙伴和好朋友，还可以让孩子带着问题去幼儿园，请老师组织小朋友们一起寻找答案。

终究你会发现，同伴将会占据孩子更多的精神世界空间。在孩子"刨根问底"的过程中你要不断提醒自己，此时最重要的不是给出他们多么精准的答案，而是你要习惯于跟孩子进行开放平等的对话和交流，保有他们爱思考、勇于探索的好习惯，让他们体验到互动讨论的乐趣。

第6章
记忆学习——巧妙引导才会有提升作用

> **养育要点：** 孩子们的记忆力确实有好坏之分，而且受遗传的影响很大。也就是说，有的孩子会天生记忆力好，有的孩子会天生记忆力差一点。虽然，记忆力好的孩子通常会学习成绩好，但并不是说记忆力不好的孩子就一定学习不好。因为首先记忆不是学习的全部，其次记忆力不是一个简单静止的状态能力，而是一个复杂动态的过程性能力。记忆力完全可以提高，所以孩子学习好坏，跟父母教育引导有很大关系。

认知心理学家通常将个体的记忆界定为信息最初被记录、存储和提取的加工过程。以信息加工的视角来看，"记忆"可以区分为"记"和"忆"两个过程，记是信息输入，忆是信息提取。当孩子表现出"记"不起来的时候，实际上往往是"忆"不出，即已经记在脑子里面的内容提取不出来。

想要帮助孩子提取脑中的信息，成人若能有意识地从回忆情境的角度引导，那么孩子不仅成功提取的可能性会大大增加，与此同时，记忆力还会不断增强。引导过程中，要注意结合孩子的记忆特点，那些在"记"时容易且印象深刻的内容，在"忆"时会自然而然地成为孩子得以成功提取的有力线索。如颜色、味觉、嗅觉、触觉、动作、情绪等。久而久之，孩子便会将这种"忆"的方法，内化成自己的办法，表现出更好的记忆力。具体做法，可以参考下面关于"柿子"这个词语的例子。

三岁宝宝：妈妈，我还想吃那个什么子？

妈妈：是什么子呢？

宝宝：我想不起来它叫什么了！橘子？橙子？都不对！

妈妈：别着急宝贝儿，咱们一起慢慢想！

宝宝：栗子？不对啊，栗子是咖色的！

妈妈：那你吃的是什么颜色的？

宝宝：我吃的那个是橘色的！

妈妈：哦？橘色的！什么时候吃的呢？谁给你吃的呢？

宝宝：昨天晚上吃的！奶奶给我的！可甜啦！

妈妈：那你当时是怎么吃的呢？切成小块儿，用手拿着吃的吗？

宝宝：不是，是放在盘子里，用勺子挖着吃的！还有好多汤儿和汁儿！里面还有籽儿！

妈妈：哦！柿子对吗？

宝宝：对啦对啦，就是柿子！

因此，与简陋粗糙的对话相比，循序渐进超有耐心的亲子对话，往往更能有效地提高孩子的记忆力水平。

学习效果有奇效只因换了个角度

教育孩子时，我们常常会说要"对症下药"。意思是说我们要找到问题所在，采取相应的措施和办法，方能解决问题。但在实际养育中，我却发现很多问题得不到解决，就是因为很多父母只是对着孩子的问题在寻求解决办法，沿着恪守不变的惯性思维，最终导致教育支持低效或是无效。当我们能换个角度看问题，却往往会收到奇效。

下面我给大家讲讲两个小伙子的故事：

第一位小伙子，我见到他时，他在一所重点中学读初二。我先和他的爸爸了解了情况，爸爸反映孩子学习态度不端正，总是骗人。每次爸爸给他讲完数学题目，他都说自己会了，然后一考试他就又错了，所以爸爸坚定地认为，孩子肯定是在敷衍自己，没听懂却假装听懂。请我给孩子做些心理支持，劝劝孩子，端正一下学习态度，激发一下他的学习斗志。

之后，我单独跟孩子进行了交流。我问："你真的听懂了吗？"孩子特别真诚地说："爸爸给我讲时我真的听懂了，我没有骗他。我也不知道为什么，就是一离开他我就不会做了。"我接着问了一些细节，孩子告诉我，爸爸小时候数学学得很好，当年爷爷就是这么给爸爸讲的，所以爸爸现在又沿袭爷爷的方法，给自己讲题，可就是没有效果。不得不说，这位爸爸很用心，但有些强势。于是，我提供了这样的建议："下次讲数学，先由爸爸给儿子讲，儿子听懂后，再让儿子给爸爸讲一遍！"

父子两人不解地问："为什么？这样做有用吗？会不会浪费时间？"我告诉他们："咱们先试试吧，虽然你们是父子，但是你们想问题的思路也可能是不一样的。爸爸讲完题，儿子可能只是依靠机械性的记忆，并没有真正理解性的记忆，考试时只会照搬模仿。题目稍微改变一下，儿子就做不出来了。就表现出一离开爸爸就不会做题。"父子两人按照我们约定好的方法去尝试，没想到，一个月以后的月考成绩就非常理想了。爸爸在电话里激动地告诉我："孩子给我一讲，我才发现我们的解题思路完全不同！这以后，我都不给他讲了，都让他给我讲。他讲明白了，也就真正掌握了！"

这就是换个角度带来的奇效，其实并没有什么特别的妙招。只是当我们愿意去相信孩子，愿意从他的角度考虑问题，愿意把主动权交给他的时候，问题就迎刃而解了！

第二位小伙子，现在已经上小学四年级，从他两岁多我就认识了他。这位小朋友四岁大时，在围棋方面就表现出了天赋，成绩在全北京都是排到前几位的。但就是这样一个小伙子，上了小学却遇到了棘手的问题：老师要求背诵古诗课文，他怎么都背不下来。妈妈非常有耐心，各种陪伴、各种鼓励、各种背诵技巧几乎用尽，但儿子就是背不下来。

无奈之下，妈妈再次跟我说起她的困惑：按理说儿子的智力水平不错啊，否则围棋也不会下得那么好！儿子学习也还是很上进的，学习兴趣浓厚，怎么就是背不下古诗和课文呢？最初听到她的困惑，我也觉得奇怪，这是一位十分聪明的孩子，到底怎么回事呢？我和他妈妈反复讨论细节，问题到底出在哪里了呢？这个学习效果太不正常了！

最终，我想到了孩子的记忆方式问题。因为如前所述从信息加工的角度来看，"记忆"可以区分为"记"和"忆"两个过程，记更多涉及信息输入，忆更多涉及信息提取。孩子背不出来，有可能是输入问题，也有可能是输出问题。据妈妈反应，孩子似乎是真的没有记住，因为她发现孩子常常背着后面的就忘了前面的，感觉像是"猴子掰玉米"，捡了这个又丢那个。如此看来，孩子在输入过程中出问题的可能性就更大了，根据孩子的围棋经验，他的空间视觉记忆应该有着过人之处。基于此，我建议孩子放弃"背诵"这种传统的听觉输入方式，改用抄写一遍的方式去"背诵"，即用抄写的方式输入，再用默写的方式输出。因为心理学几十年前的研究结果就表明，在记和忆的路径条件相一致的情况下，记忆效果往往是最好的。

令人欣喜的是，孩子背诵问题真的解决了。任何古诗课文，只要孩子抄写一遍，几乎就能过目不忘。这正是我们换种角度考虑"背诵"这件事情带来的奇效。

所以，当养育中遇到难题时，不如换个角度再思考一下。

你的提问反映你的智慧

盘子里有一个好苹果，一个坏苹果。爸爸问女儿："一个好的，一个坏的，哪个你吃？哪个爸爸吃呢？" 3岁的女儿毫不犹豫地说，"坏的给爸爸，好的我来吃！哈哈哈！"

这一情境，貌似显得女儿不懂得孝顺，其实未必！当爸爸换个问题，女儿的回答也随之改变了。如果爸爸问："一个坏的，一个好的，咱们都想吃苹果，怎么办呢？"这时，女儿想了想说："咱们把坏的扔掉，都不吃，会拉肚子。然后咱们一起分享那个好的吧！"

所以，你的教育不得果，也许是你在教育的源头就出现了刻板和偏差。有时，与其考察小孩子的德行，不如在源头上为孩子树立正确价值观，再来增进他们解决问题的能力。

学习最大的快乐绝不是考100分

女儿在幼儿园上的是混龄班。临近毕业的一天，班里以前的哥哥姐姐回到幼儿园来看她们，讲讲小学的趣事，旨在激起她们对小学生活的向往和期待。晚上，女儿特别开心地说："妈妈，我今天见到丁丁他们了，真的特别高兴。我以后上了小学，也要向丁丁学习，每次都考100分回家，您会不会高兴啊？一定会更爱我吧？"看到女儿兴高采烈、雄心壮志的样子，我没能高兴起来，反而对她话里的逻辑有些小小的担心：上学就是为了考 100 分？考 100 分是为了让我高兴？妈妈会因为那 100 分更爱她？我不能接受她脑子里存有这么功利的观点和价值取向。

于是我说："你每次都考 100 分，我也不一定会高兴。""为什么啊？"女儿十分不解。我接着说："因为妈妈觉得，上学跟老师学知识是件高兴快乐的事情，如果你喜欢上学，觉得快乐，又得了 100 分，那样妈妈才高兴呢！如果你只是得了 100 分，但是上学不快乐，我觉得没什么可高兴的！""哦，这样啊，原来喜欢上学才是最重要的！""对啊，你明白妈妈的意思了吗？""那妈妈，如果我喜欢上学，却没得 100 分，你会高兴吗？""我会高兴啊，因为上学只要有乐趣，虽然没得 100 分，那肯定也是高兴的。再说了，分数都是一点一点得到的，你那么喜欢学习，老师讲的你都会了，想不得 100 分都难啊，是不是？""对啊对啊，我都会了，就能得 100 分了！"女儿显得很开心，我乘胜追击，接着说："还有啊，宝贝儿，妈妈要告诉你，不管你得多少分，妈妈都是喜欢你，爱你的。不会因为你得了 100 分就更爱你，也不会因为你没得 100 分，就不爱你。我爱你，因为你是我的女儿，跟 100 分没有关系。""嗯，妈妈，我明白了！我去看书了，上了学就能学更多新知识了！我太开心了！"

作为妈妈，我希望女儿能够明白，学习更多的知识，掌握再多的技能并不是为了一个分数，更不是为了在人前炫耀显摆，而是去体验学习本身带来的精神上的享受和快乐，让自己了解更多，懂得更多，眼界更开阔。我希望有一天她能真正体会到：只要投入地去做一件事情，那么结果就不是最重要的了。

第 7 章
科学探索——生活中激发科学兴趣

> **养育要点：** 科学活动，是小孩子生活中特别重要的内容。无论是在家庭中，还是幼儿园里，跟孩子获得各种科学知识相比，孩子保有科学探索的兴趣，在实践中习得科学的思维方式才是更为重要的内容，即孩子逐渐明白要想探究一件事情，需要经过：假设猜想、实践论证、得出结论这样一个系统的过程。

原来孩子的科学启蒙竟然可以在厨房里实现

几年前，我的一位好朋友就跟我说到一件事情，让我们都颇有感触。那时她在负责一项中德文化交流的项目，接待了几位从德国来的初中和高中生。当晚在家里聚餐，令她深感诧异的是，其中的两个男孩子主动请缨，负责十几个人的餐食。

结果更出乎意料，一个多小时的时间，大家的晚餐就准备好了，土豆、牛肉、沙拉、蔬菜汤样样齐全，她说自己真的惊呆了，两个男孩子把饭做得这么好这么快！后来她了解到，同来的几个孩子几乎都有这样的本事。晚饭后，大人们几乎都在喝茶聊天，几个孩子一起分工协作，很快就把餐具清洗干净并整理好。

说到这里，我朋友反复问我，"你说咱们的孩子也能做这些吗？要知道这几个德国小孩子也都是品学兼优的，我们国内品学兼优的孩子会有条不紊地做饭吗？"当时我略有担忧地说："可能不行，我想我们的孩子除了学习，真应该多参与日常生活，比如至少能给自己做顿饭吃吧！"

回想自己的成长经历，年少时进到厨房里的次数也是屈指可数。几乎是到了30岁左右才经常出入厨房，独自去超市菜市场选购新鲜食材。这些年的厨房经验，让我对各类蔬菜水果更加充满兴趣，让我从很多人那里学会了大量书本上学不到的知识。

比如选购食材时：粗的菜苔不一定老，细的菜苔不一定嫩，手指轻轻掐一下根部，很容易掐的才是嫩的菜苔；菜花和圆白菜不要过于紧实的，稍微松散一些口感更好；生的红薯如果经历了一冷一热，蒸出来食用时就会有苦味，而且难吃。

再比如制作食材时：疙瘩汤如果用水调，常会出现不匀或是疙瘩过大，可以用生鸡蛋浆直接调出疙瘩，又均匀又营养；胡萝卜要炒出黄油，里面的β胡萝卜素才会起作用；菜花买回来先风干一下再炒着吃；搅拌肉馅要顺着一个方向，这样肉纤维才会整齐抱团；圆白菜可以用手撕成大块，先在锅里炒出水分，再进行烩炒；制作西红柿面汤时，可以在把一半西红柿丁炒至烂熟成酱状，余下的那部分在面汤快熟时再放入，这样品味俱佳。

对我来说，厨房是个充满魔力的地方，只要具备火和时间，不同的食材就会变成不同的美味。这么神奇的事情，我真的忍不住要跟孩子们分享，日积月累，我发现，想要给小孩子科学启蒙，没有比厨房更好的地方了。

让我们来来看一下，在厨房里，究竟可以给孩子哪些科学启蒙呢：

- 区分食材：黄色的圆粒是小米，白色的长粒是大米；小米的爸爸妈妈是谷子，大米的爸爸妈妈是水稻；面包是由面粉做的，面粉是由小麦去了皮碾出来的，面粉的爸爸妈妈是地里的麦子，麦苗和韭菜都是绿绿的，但是闻一闻味道完全不一样，摸起来也有不同。这里的重点是让孩子利用各种感官通道去感知，让他们有真实的食材经验，粗浅地接触颜色、形状、质感、味道等分类，学会在不同的维度内进行观察和比较。

- 认识形状：土豆、圆白菜、西红柿，平面都是圆形，立体跟球一样是球体；胡萝卜一头粗一头尖细，平面是三角形，立体则是个锥体；杨桃切成片是个五角星，苹果的内心切出来也是五角星；黄瓜是个圆柱体，用刀切黄瓜时，垂直切，能切出圆形瓜片，刀具稍微偏一些，就能切出椭圆形瓜片。虽然这些认识可能有些不够严谨，但对于小孩子来说完全没有问题，会让他们对数学产生极大的兴趣，建立感性直观的认识。在以后的课堂学习里，他们的数学概念会逐渐清晰抽象起来。

- 理解时间：时间是个不可思议的东西，可以让食材更加美味，在煮小米粥或是炖鸡汤时，时间不够时只能说明东西熟了可以吃，时间足够才会真正好吃，小米粥煮到 20 分钟和 40 分钟，它们的样子和口感就会差别很大，用砂锅煮会更有感觉。教孩子理解时间通常是比较困难的，大概到了 6 岁左右，他们才能真正明白，一个小时到底有多长。通过煮食物，孩子可以逐渐体会时间的长短，建立时间的概念和认知。

- 认识物理化学现象：水是一种无色无味的液体，低温冷冻会变成冰，叫做凝固，加热煮开会变成汽，涉及蒸发、汽化、沸腾等现象；蛋糕店、冰激凌店买的外带，用于保温的干冰可以直接变成汽，只能看不能摸，会伤手，固体直接变成气体叫做升华，但是反过来气变成固体，则叫凝华，比如早晨结的霜；热锅盖凉了以后，上面会有小水滴，热气变成的液体，叫做冷凝或者液化；潮湿的天气里，干干的曲奇饼干放在室内的盘子里，半天就会变得松软，恰似软曲奇，就是因为吸收了空气中的水分，干的东西变得潮湿。除了物理现象，还有很多化学反应：处理水垢，可以用白醋浸泡，酸能够让碳酸钙溶解，家里软水机的作用让我们的水没有水垢；小苏打、老面肥和酵母都可以用来发面，让面团里产生大量的二氧化碳气体，蒸煮后面食会更加松软美味；小苏打和醋在一起产生反应，会迅速出现气泡，让孩子看到类似火山爆发的样子。总之，厨房里的汽化、液化、溶解、凝固、蒸发、沸腾、升华、凝华这些现象数不胜数，化学变化更是不胜枚举。这些看似到了初高中孩子们才会系统学习的内容，在6岁前完全可以用来进行启蒙教育。

- **感知力学原理**：切菜刀、切肉刀和面包刀，主要区别都在刀刃上，那是考虑了压强的作用；筷子放在碗上，如果不做到平衡就会滑落，类似天平的道理；通过观察水面、粥、酒、饮料果汁面，可以引导孩子思考表面张力。
- **熟悉单位概念**：挂面的克数、牛奶矿泉水的毫升、微波炉的功率、水壶的容积等，都是孩子们四年级左右才会在数学课堂上学习到，但只要进了厨房，这些便会很容易接触到。

上面罗列了一些小小的知识点，并不系统也不完整，还可能存有一些不够严谨，但是在满足孩子的好奇心，引发孩子的观察能力，启发孩子的科学兴趣方面确实有着不错的效果。大家也完全不用刻意讲给孩子听，带他们进入厨房，稍微加以提醒，好玩的现象会神奇地吸引他们，促使他们去思考和探索。比掌握某个具体知识点更有价值的是，能够激发孩子的兴趣，更有意义的是，通过各种尝试和操作，孩子无形中能够习得科学探索的基本逻辑：

提出假设、操作验证、得出结论。

厨房里还有很多好玩的事情，等着你带着孩子一起去发现，最好的科学启蒙，可能不是在任何早教班里，也不在幼儿园的科学游戏活动中，更不用等到小学、中学的课堂甚至是大学的实验室里，而是在你们家的厨房里，由你亲自带着孩子一起去探索。

♡ 请保护好孩子的注意力和想象力

注意力和想象力被公认为是个体需要具备的很好的特质，因为只有注意力集中，孩子才更有可能把事情记忆得更全面，理解得更加透彻；只有具备丰富的想象力，孩子才有可能表现出不一样，表达出创造性的思维方式。

孩子的注意力在先天上是存有差异的，有的孩子天生能够长时间集中注意力，有的孩子则特别容易分散注意力。但有一点毋庸置疑，对于大多数普通的孩子来说，其注意力都和兴趣有很大的关系。当一个孩子在美滋滋"淘气"的时候，他们的注意力是十分集中的，因此当孩子注意力不集中时，首先要考虑孩子是不是对眼前的事情还没有产生浓厚的兴趣。

其次，一些孩子的注意力需要成人的提示。成人可以多用手势或眼神提示孩子不要东张西望，也可以采用身教，为孩子做示范，让孩子明白怎么做才是应该的。同时要正确看待注意力这件事情，成人注意力高度持续一般为20分钟，孩子也就5~10分钟而已。所不同的是，成人比较会"伪装"出自己在认真，其实不自觉的时候脑子也会走神好几次，只是凭借抑制和理性，成人的注意力会很快转移回来，而孩子则不具备这样的能力，或者这方面的能力比较差。

为了培养孩子的注意力，最好能够做到不轻易打断孩子。当孩子持续在做一件事情的时候，只要不主动寻求我们的帮助，成人完全可以放手，让他们单独探索，孩子的注意力往往会因为成人的"过度指导"而被无形之中转移。因此，培养孩子的注意力可以从帮助孩子体验注意力集中的状态开始，不管是做什么，只要孩子能持续注意，总是一件不错的事情。

当然有的孩子只在观看动画片时才表现出超常的注意力就另当别论，在这里我们不提倡让孩子观看过多的电视节目。因为过度的视觉刺激会让孩子变得懒惰，变得不爱思考，只会坐在那里享受别人呈现出来的现成的事物，被动地接受信息，这也是很多专家学者提出的过度看电视会影响到孩子创造力的原因。

一个人的创造力是源于其丰富的想象力的，只有敢想，才会敢做，最终才会表现出卓越的创造力，但并不是所有的想象力都会最终演变成创造力，而是只有那些有意义的想象力才会成为创造力。而对于小孩子来说，家长最需要做的就是不怕孩子"犯错误"。孩子在4岁的时候，想象力最为丰富，这个时候成人需要做的就是鼓励他们想象和创作。

想象力培养的有效途径之一就是4岁之前充足的绘画涂鸦。从最初的胡乱涂画，到可以用圆代表各种事物，孩子已经在进行思维的表达，这时只要坚持不懈地鼓励孩子，他们就会继续出现用其他图形代表各种事物，然后是各种图形的组合一起代表自己的想法。当我们不再用像不像来评价孩子的涂鸦时，他们就不会迟于动笔，他们的胆子就会大起来，当孩子真不知如何画时，当孩子求助于我们做示范画时，我们一定要记得拒绝孩子，一旦我们示范了，孩子就很难画出他们自己的画了。遇到这种情况时，可以暂时停画。孩子的画往往是滞后于生活经验的，当经验不足够时，孩子往往也是很难画出画来的。

孩子的思维是很直观的，一次有位4岁多的小朋友送给我一个自己精心制作的礼物：把一个纸条横着粘在圆珠笔上，还特别在纸片上写了一些"字"。刚开始，我根本没明白这是个什么礼物，心里想难道是飞机？于是问道："这是什么？"孩子很兴奋地说："是那个筒什么的呀！"哦，这时我才明白，孩子做的是很多记者采访时用的话筒，那些字就是 CCTV 等字样！因为没有亲自接触那样的话筒，而只是远远地观看，孩子用一个纸面表示了话筒上套着的"正方体"，当然孩子的这种表达也受限于他们对三维立体事物的理解。

不难看出，6 岁以前的小孩子，想象力是最为丰富的，也可以说是我们人类个体大脑活跃程度最高最容易有"意想不到"行为和想法出现的阶段。如果我们能够为孩子创设丰富适宜的环境，为孩子多多提供亲身体验的实践机会，将会极大引发孩子做事的兴趣，兴趣使孩子的注意力得以专注，而在做事的过程中，孩子们通过实际操作会提升对事物理解的深刻程度，同时结合孩子们丰富的想象力，孩子则会自然而然展现出富有创意的作品和行为表现，拥有健康快乐的身心。

孩子身上很多优秀特质，是我们成人很难强加给孩子的，我们最需要做的就是极大尊重孩子的心理特点，满足孩子的好奇心，提供能让孩子有更大发展的空间，为孩子营造能够自由探索的环境，这些都需要我们从对待孩子的态度观念和言行举止上加以关注，呵护孩子的发展，而不是拔苗助长，更不应让孩子的成长过于做作，失去本真，应该还孩子的成长于自然、顺畅和快乐的环境中。

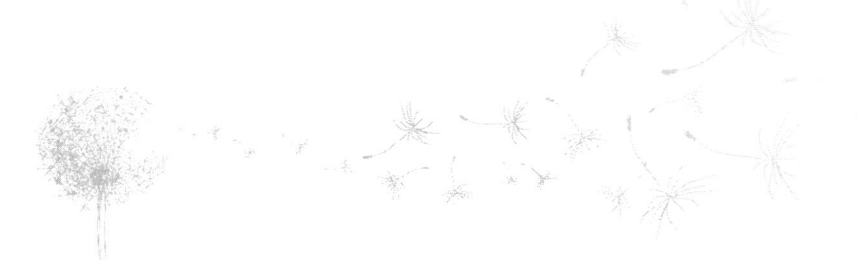

第 8 章
绘本阅读——阅读经验比年龄更加重要

养育要点： 常有家长询问，怎么给孩子选书呢？我想告诉大家，给孩子选择书时最重要的并不是依据孩子的年龄，而是要基于孩子的阅读经验和兴趣。一个从一岁就开始阅读的孩子，跟一个五岁才开始阅读的孩子，他们在六岁时阅读的书籍大多数情况下是不同的。一个喜欢公主的女孩子，也不太会去阅读男孩子的机械工程车系列。除了提供适宜的绘本，如何进行亲子阅读也是值得学习的内容。

♡ 如何跟孩子一起进行绘本阅读

孩子喜欢阅读什么样的书？到底应该怎样带着孩子进行阅读？这是让很多妈妈感到困惑的事情。因为很多妈妈发现，孩子很难安静地进行阅读，更难以一页一页地翻看书籍。

基于此，在为孩子选择绘本的时候，建议选择一些具有游戏情境，跟孩子现实生活能有一些关联的书籍，也就是说，图书的内容最好来源于孩子身边的事物。比如生活在海边的孩子，可以选择有大海的书籍，喜欢玩球的孩子，可以选择一些跟球有关的书籍。因为绘本对于小宝宝来说，不仅可以用来亲子阅读，还可以进行有趣的情景游戏。

这样一来，不仅孩子阅读起来觉得很有趣，注意力专注，对书本内容记忆深刻，还能让绘本一物多用，丰富我们和孩子之间的亲子游戏。

进行绘本选购和亲子阅读时，可以分别从孩子和父母双方加以考虑：

1. 是对于小宝宝来说，符合其身心发展特点，能够促进其思维进一步发展。 提到如何促进孩子思维的发展，很多父母会觉得比较抽象，难以把控。其实，只要平常多陪孩子游戏，多注意观察孩子，父母就能够很清楚地了解孩子的思维发展。

首先父母要了解一下孩子思维发展的阶段特点。根据瑞士心理学家皮亚杰提出的儿童认知发展理论，孩子从出生到两岁左右，处于感觉运动阶段，孩子主要依靠各种感觉器官以及自己的肢体运动，来感知和认识世界，随着大脑生理的发展，以及生活经验的累积，孩子的思维水平得以不断提高。因此，小宝宝平常看了什么玩了什么，都会对孩子的思维发展有着很大的影响作用。

出生四个月以后，孩子就把自己的认知区域扩展到自己以外的外面世界，开始对外面的世界产生兴趣，并尝试作用于外界世界；八个月以后，孩子能够有计划性地引发事件，并且理解了客体永存；在一岁到一岁半之间，孩子能够"有目的"地改变行为，继而观察改变所带来的不同结果，就像科学家改变实验条件进行科学研究一样；一岁半到两岁左右，孩子的认知发展主要表现在心理表征能力和象征性思维的获得，孩子能够想象出看不见物体的可能位置；在两岁以后，孩子的认知发展进入到前运算阶段，他们更多地使用象征性符号，这时他们的心理推理逐渐增加。孩子思维的发展，通常可以由语言表现和反映出来，因此，孩子说了什么能够在很大程度上反映出脑子里有什么，思维已经发展到什么阶段；而且语言的获得能够使孩子思考现在以外的未来，进行想象。对于语言和思维的关系，研究者们有过这样的描述："语言是思维的表现形式，思维是语言的内在本质。"

两三岁时，阅读一些关于"过生日"和"藏猫猫"为主题的图书，非常贴合孩子的认知发展水平，对于经历过生日场景和玩过藏猫猫游戏的孩子，通过阅读，他们可以在大脑里再现曾经的生活场景，回味生活里的语言和情感，提炼出游戏过程中的抽象逻辑，对已有体验进行系统的整合；对于还没有进行这些游戏的孩子，通过阅读，他们可以进行想象，进行前期经验的预设，为接下来的快乐生活做好认知准备。

阅读跟过生日有关的绘本时，选择呈现各个生日环节的绘本会更有意思。比如孩子可能会迫不及待地要去吹蜡烛，然后吃蛋糕。阅读跟藏猫猫有关的绘本时，孩子看到书里的小动物们一会儿藏在这里，一会儿藏在那里，往往会欣喜得不得了。

2. 对于家长来说，满足亲子阅读和游戏的需要，能够轻松科学地带养孩子。虽然，很多父母都知道游戏对于孩子成长的重要意义，但是，很多父母并不知道要陪小宝宝玩些什么以及怎么玩。如果有讲述游戏内容的绘本在身边，父母就再也不用发愁每天带着孩子做些什么事情了，更不用担心孩子的思维发展问题。

需要反复提醒父母们，游戏才是孩子生活的主要内容，在游戏中，孩子可以引发诸多自主的学习。德国著名幼儿教育专家、有幼儿园之父之称的福禄贝尔，被认为是阐明游戏价值的第一人，提出"游戏是生命的镜子"。因此，20世纪影响最大的美国教育家杜威指出儿童的学习是"做中学"，强调孩子唯有不停地动手，脑子才会真的在动，思维才会发展。前述提到的皮亚杰也曾经给出这样的公式，来诠释孩子的发展，即"行动＝知识"。所以，想要养育好孩子，其实就是要带着孩子动起来，玩起来，读起来！

看到这里，你是不是有些跃跃欲试了？赶紧翻腾整理一下家里的图书，或者再去添置一些适合孩子的书。请记住，这才是孩子的阅读。他们不会老老实实地待在那里，一页一页按部就班地翻看；他们看的时候会情不自禁地比划起来，甚至站起来跑起来，大声喊叫起来。

　　阅读这些绘本后，你和孩子好像玩了很多有趣的游戏似的，你的孩子可能更爱说话，更愿意做出丰富的表情，更聪明，更喜欢去盖住的地方感受神秘。也许你会更加了解孩子的喜好，比如孩子喜欢吃什么？喜欢玩什么？喜欢说什么话？喜欢看什么书？也许，你会明白，如果书的内容就是孩子的生活，那么，孩子就会对它爱不释手，反复再现里面的场景。孩子们的世界就是这样奇妙，在幻想和现实中穿梭，在书籍和生活中跳跃。学以致用，对小孩子来说，虽然略显严肃，但是，却也不足为过。

　　也许，你对绘本图书的了解就到此为止了。但是对于孩子，一本图书，就是一个游戏；一个画面，就是一个记忆；一个话语，就是一个交流；一个翻找，就是一个逻辑；一个触摸，就是一个学习；一个欢笑，就是一个发展。

第 9 章

绘画涂鸦——表达自我比用笔写字更加重要

> **养育重点：** 在幼儿阶段，孩子用笔是为了表达内心的情感和大脑中认知思维，绝不仅仅是为了拿起笔来写数学和语文各类作业。如果孩子在中班年龄，不愿意写作业，那说明孩子的发展是积极正常的，父母需要做的不是如何鼓励孩子去写作业，而是要反思成人在怎样违背儿童的身心发展规律，"迫使"孩子幼儿园教育严重小学化。

♡ 你可能正在轻视涂鸦的价值

在日常工作中，我收到过很多来自各地家长的求助，让我感到特别为难的是，很多家长抱怨自己的孩子不愿意写作业，不喜欢拿笔写字，只是喜欢胡乱涂画，让我支招，怎样让孩子爱上写作业？四岁的孩子写 20 分钟作业就开始走神怎么办？

每当遇到这样的问题时，我都感到惋惜，孩子没有错，孩子什么都不用改。我没有办法让孩子爱上写作业，就像我没有办法让孩子在四五岁就学会开车一样。因为父母的要求已经超越了大多数孩子应有的能力和权利范畴。

虽然我不能直接解决关于孩子学习的问题，但是我可以分享一些让孩子热爱学习、培养学习兴趣的路径。我可以告诉你，孩子年幼时你如何养育，孩子将来才会喜欢学习。

在大多数的学习活动中，孩子都离不开笔的使用。一个喜欢用笔的孩子，大多不会抵触学习。而孩子最初用笔，往往起源于他们的涂鸦。

关于小孩子拿笔涂鸦，我想跟大家分享一位小朋友真实的用笔经历。下面文字中，我也呈现了三岁小朋友的画作，大家可以尝试想像一下，如果没有标配的文字，是否可以理解孩子的画面内容？

1. 手部的灵活源于吃东西。这位小朋友目前上小学三年级，说到这位小朋友的兴趣，她是超级喜欢画画的。提及画画，先得说说她灵活的手是如何满足她的吃欲的。

在吃方面，小朋友可谓成绩显著。四五个月时，就可以斜靠在沙发的一角，双手抱着一块雪米饼准确无误地送到嘴里，不停地啃；六个月就独自坐好长时间，不哭不闹十分专注地鼓捣面前的各种小玩具；七个多月时就能从平平的盘子里，用大拇指和食指捏起小小的瓜子仁儿，再放到嘴里饶有兴趣地品味。似乎，有了兴趣的驱使，孩子的小手变得超乎想象的万能。

2. 早期涂鸦：接触笔和其他画具。也许正是源于手指的高度发达，使得小朋友在四五个月时就开始喜欢握着笔，摆弄来摆弄去。最

三岁小朋友的画作——穿着绿裙子去买蔬菜的妈妈

开始，她也是十分喜欢把笔放在嘴里品尝。但吃着吃着，有一天她顿悟了似的，有意无意地在地板或桌子上滑动笔。见到此景，父母尝试性地把笔头按出来，轻轻地握着她的手，让她在纸上画出一道线。没想到，线一出现，她的表情特别复杂，有惊讶更有欣喜，似乎见证了奇迹一般。

三岁小朋友的画作——一家四口，妈妈抱着自己，爸爸和姐姐站在两边

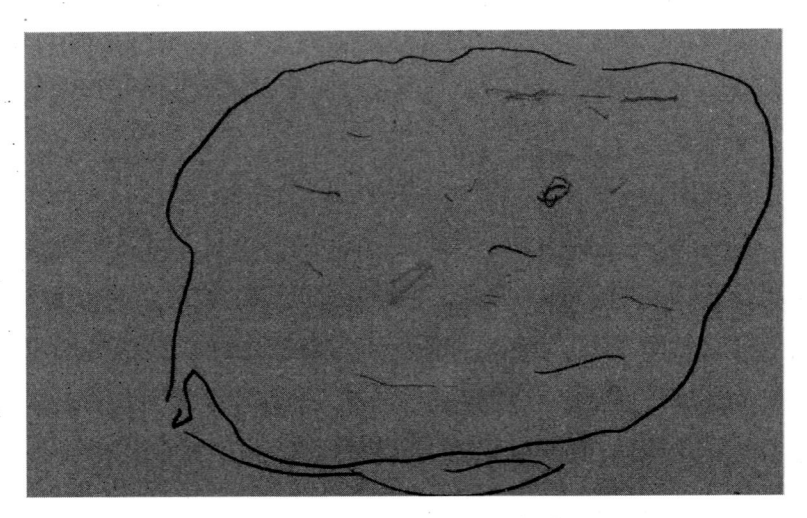

三岁小朋友的画作——大气球

自此以后，她的生活便再也没有离开过笔。父母之前偶尔让她玩弄的圆珠笔或水笔，显然很不适合她这样的小宝宝。于是在她1岁以后，父母为她添置了油画棒、水彩笔、彩色铅笔以及大大小小的纸张等各类材料，随后还为她准备了画架、双面画板（一面是白板一面是黑板的那种），甚至在家里为她留出一面白墙，让她随心所欲地到处涂鸦。

3. 选好材料，随意创作。随着涂鸦经验的累积，她大手握笔次数越来越少，开始用两个或三个手指拿笔，画的动作也是经历了戳、滑、转等一系列的优化，画面越来越丰富，还喜欢一边画一边念念有词，自言自语地嘟囔着。

在这个过程中，我发现很多家庭里提供的涂鸦材料并不适宜、甚至是错误的地方：比如常见的普通水彩笔、油画棒等，并不适合没上幼儿园的小孩子，因为这些笔都容易断，弄脏衣服和手也难以清洗，这些不适宜都会干扰孩子的创作，或是影响其涂鸦的兴趣。

对于年幼的小孩子，可以选择笔头不容易戳进去的彩笔，粗头，而且无毒颜料可水洗。使用这种画笔涂鸦后，孩子就拿着笔在刷了白涂料的墙面上，肆意挥笔，画完不想要了，用湿抹布轻轻一擦就可以。如果孩子愿意，也可以拍照，再进行彩打进行画面留存。选对材料，对孩子兴趣的保持非常重要的。

我见证过太多的家庭，因为担心孩子弄脏皮肤、衣服和墙壁，极其盲目地拒绝了孩子涂鸦的需求。但到了上学年龄，便又要求孩子必须爱上用笔。

不同于其他小朋友的涂鸦在桌面纸上度过，这位小朋友在三岁前，大量的时间都是在家里那面白墙前度过。

父母都很少去评价她的画，常常在她画画时坐在旁边，看她挥动胳膊手臂，留下各种痕迹。有时她也会邀请父母一起画，但父母多是跟着她，模仿她画一些线。

大约两岁以后，她开始喜欢一边画一边给父母讲她的画，画的内容简直就是她生活的提炼。通过她的画，父母知道她玩了什么、吃了什么、喜欢什么、想要什么，总之涂鸦画成了父母与孩子之间沟通的重要媒介。

三岁小朋友的画作——蝴蝶口味的冰激凌

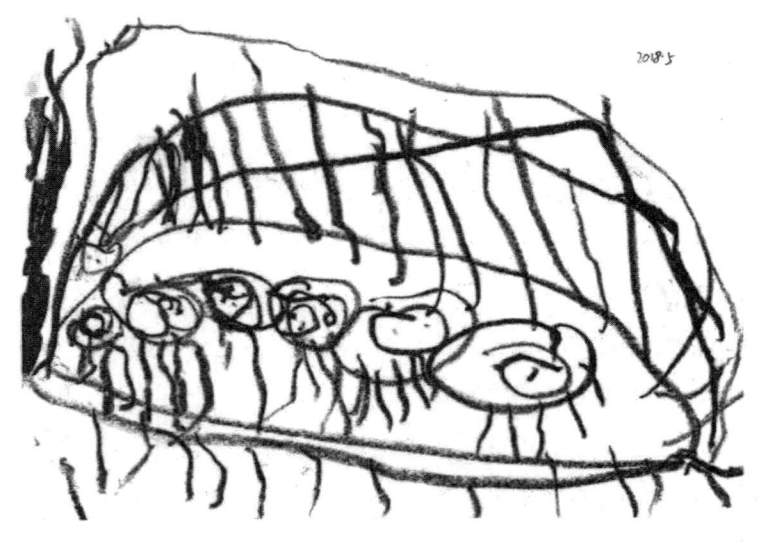

三岁小朋友的画作——大家排队跳远

♡ 原来孩子所画即为内心所想

1. 热爱期：痴恋画画。虽然美术活动多种多样。但她始终钟情于"一支笔＋一张纸"的绘画模式。她对纸笔的热爱简直让人瞠目结舌，可以说，凡是她所到之处，必向人求纸笔，即使她自己每次都随身携带纸笔，她也必向他人索要，对于纸笔，她真的很贪婪。

她的绘画是随时随地的，比如去餐馆，等饭菜的时候，她就会先画一会儿；住酒店时，她也会第一个冲进房间，把所有的信封和纸聚敛在一起，如获至宝一般，爱不释手，没用完的纸笔一定要全部带回家，慢慢享用；有时她也会喜欢在面巾纸和擦手纸上画画；只要去到商场里，一定是对各种的笔爱不释手，能买多少就买多少，简直到了痴恋的地步。

四岁小朋友的画作——中间台阶，左到右依次为：路人、爸爸、妈妈和自己。和爸爸一起爬山，但心里想着妈妈，橘色涂脸是因为爬时感觉很热

直到今天，她已上小学三年级，据妈妈说孩子在家里的笔也平均保持在 200 支以上。不过，对父母来说，送她礼物也是一件很简单地事情了，每逢出差外出或是生日节日，只要选些纸笔送给她，她就会乐此不疲欣喜万分。

2. 自悟画法。这位小朋友直到现在都没有上过任何绘画的兴趣班，也没有跟任何老师去学习过，一直以来都是她自己在那里画呀画呀。她的特点是，喜欢什么想到什么就画什么。画对她而言似乎就是一种语言，在她不识字，不会写字的时候，涂鸦就恰是她的文字，用来表达内心，这似乎很符合象形文字的演化过程。

由于画画都是自己体悟，没有外人传授讲解。有时一个很小的技巧也会难为她好久。一次吃完黄瓜，她要画黄瓜，形状和两头都画好了，她就是不知道怎么画黄瓜身上的那些扎手的小刺。

她跑来向父母求救，父母也说不知道，让她多去摸摸黄瓜身上的刺，也许就知道怎么画了。妈妈说，那个下午，她吃了好几根黄瓜，也摸了好几回，但仍不知怎么画，她试图用一道道线表示那些刺，又改为小圆圈，反复多次都觉得不对，总是不满意，最后她不得不放弃。

父母都以为她已经忘记了这件事情，直到一星期后的一天，她突然又找出笔来画黄瓜，这次她用一个个小小的点表示那些小刺，画完后兴奋地说，"妈妈您看！我终于知道怎么画刺了！"难以描述，那是一个多么开心的时刻，她终于凭着自己的努力把具体的实物表现在平面的画纸上了。

想着孩子的真实经历，如果是跟着绘画班学习，这可能根本不是什么问题，也是不用想的事情，老师直接用点表示刺，孩子就会很快模仿出来。可是这位小朋友没有人教，自己琢磨了这么久才想出来。

后来也确实显示出，她的刺内涵更深、更有质感。因为她会告诉父母，硬粗的刺用大点、细软的刺用小一些的点，还可以有不同颜色，因为刺的前面都是不一样的……

第二部分
认知学习篇

四岁小朋友的画作——几家人聚会，一对双胞胎女孩、两个哥哥、她自己和一个小妹妹，共6个小朋友，在荧光色帐篷里钻着玩，爸爸和另外一位叔叔负责烤肉。她在帐篷上画出小拉链，因为拉链锁住妹妹的头发了，哥哥们独占帐篷，从帐篷的小窗户处逗她们玩儿。那天天气很好，于是她画上了白云和小鸟。

3. 画心中所想。透过孩子讲述她的画，我们也有很多有意思的发现，最有意思的是，她最开始画的人物像，都是着透视装的，因为她说穿着衣服她也知道男人跟女人的胸部是不一样的，所以也要跟衣服一起画出来。当父母纳闷地问她，穿着衣服就看不到里面了，为什么还要画出来呢？但孩子坚持说，就得画出来，因为在我心里就是这样的。

这其实就是孩子心理理论发展的特有阶段（错误信念），无法或是不愿意将自己的想法和别人的区分开来，不能在行为层面抑制自己的内心想法。

这通常就是孩子涂鸦时的内在状态，孩子画出来的，往往都是心里想的、念的或是正在兴奋点上的内容。一旦孩子的涂鸦作品单一重复，也往往提示着父母，孩子目前的生活需要注入新的内容。

我也曾经问过一些小朋友，喜欢做什么？有些孩子说她画画，我问为什么，他们就说，开心、喜欢、有意思。这位小朋友还曾有过这样的表述，有时感觉自己脑子里的东西太多了，好像自己要流到画纸上一样，必须得画出来，不能等，画出来就特别舒服。孩子的话让我想到，"思如泉涌"，不知是不是这种意境？

♡ 涂鸦对孩子未来的学习可能会有哪些益处

让父母没有想到的是，画画给孩子的认字和写字都带来了意想不到的好处。据父母反馈，直到孩子 5 岁，他们都没有主动教她认过字，除非她主动请求询问，父母才会积极回应。

在每天的回家路上，她会喜欢看路标，不断提问："这个字念右还是石？这个念大还是人？这个箭头是什么意思？这个背着书包的小人站在横线上是什么意思？这个是叫闪（冈）庄路吗？"父母发现，孩子除了在视觉上主动去抓取文字信息，对文字图画信息敏感有兴趣，还会不断对比那些字形相近，但意思和读音完全不同的汉字。当然，随着生活经验的累积，孩子逐渐学会在上文情境里去"推断和决策"字体的读音，比如她看到"杏石口路"，就不会读成"香右口路"。

孩子识字的经历，类似知觉经验对我们识别颜色的影响一样。心理学家曾经很困惑，在晚上的时候，没有了阳光，熟悉的绿色树叶看上去更接近是黑色，但为什么人们还会坚定地认为树叶是绿色的呢？物体的颜色差异更多是亮度上的差异，白色完全反射，是最亮的颜色，黑色无反射或不反射，是最暗的颜色，绿色以及很多其他颜色介于黑白之间。如果仅从亮度这一客观数据上看，夜间的绿树叶和白天的黑色物体可能确实相差不多，但是神奇的是，人具有主观能动性，一种解释便是，人们白天对树叶的知觉经验影响了我们的判断，即判断树叶颜色是我们会主动参考结合白天里看到的颜色。

除了在视觉上的主动性意外，小朋友还在听觉和视觉的对应方面产生了极大的兴趣。比如在广播里听到什么感兴趣的字，孩子就会让爸妈写给她看，就这样她很快认识了很多字。妈妈说，也许她看到汉字的就是一幅的"小画"。

令父母感到惊讶的是，除了那些象形文字，或是是经常听见看见的文字，有些接触很少又很抽象的文字孩子居然也认得。比如"期待、向往"这些词语，孩子在书本上看到，父母只教过一遍，孩子第二遍甚至以后全都能读出来，貌似孩子有她过目不忘的本领。

实际上，牢记识字对孩子来说并不是什么特异功能，基本可以认为，这跟她从小大量的涂鸦绘画有很大的关系，她对画面的构架和细节的敏感和准确，对画面知觉经验的累积，不知不觉提升了孩子的视觉加工和记忆能力，使得孩子在后来的识字行为上有了较为突出的表现。或者可以说，孩子主动迁移和泛化了文字的加工、记忆、存储和识别能力。

而涂鸦的益处还不止这些，手部对比的控制，对形象的书面表达，使得孩子所以在上了小学以后，写拼音、汉字、数字，加减乘除符号，乃至数学测量中的横尺使用等，都会觉得更加轻松。

似乎书本上的那些符号知识，就像画面一样刻在她的脑子里。之所以这样说，是因为孩子在百词默写中会出现这样的情况，即把"自"写成"白"，就会在所有涉及"自"这个文字时再现出错，错在同一处。很少出现有时错有时正确的现象。一经掌握便会牢固，出现一个小错误，纠正了一个便会纠正一系列。

进行父母教育，最忌讳的便是攀比、功利、刻板和武断，但确实有很多家长一再重蹈覆辙，无法汲取教训。就涂鸦这件事情来说，可能很难跟学习直接搭上关系，甚至有人认为涂鸦还会耽误学习，如果孩子没有绘画天赋，不能获得大奖，就没有必要涂鸦，想要涂鸦必须要报班学习。

但是如果我们再仔细想想案例中的小朋友，虽然她从来没有参加过任

有爱的管教更有效
儿童心理专家跟你一起养育孩子

六岁小朋友的画作——她的画仍然是内心所想的表达。她喜欢漂亮女孩,便会按照自己的想法设计形象。画这张图时,她说自己很喜欢大波浪头发、细长腿以及高跟鞋。所以出现了这样脖子以下全是腿的漂亮姑娘

何学习班,没有参加过任何比赛,更没有获得过任何奖项,但是她已坚持涂鸦绘画六七年了,绘画已经成为她生活中重要的一部分,是她十分钟爱的事情。如今,她已经开始写字,有时读着别人的绘本和图书,她也开始自己写书插图,虽然没有什么像样的成品,但是她的兴趣却依然浓郁。

作为父母,在孩子的兴趣面前,我们能做的就是尊重、接纳,按照孩子的内心兴趣需求,提供成长支持。由此可见,在幼儿阶段,孩子用笔是为了表达内心的情感和大脑中认知思维,绝不仅仅是为了拿起笔来写数学和语文各类作业。

如果孩子在中班年龄,不愿意写作业,那说明孩子的发展是极其正常的,父母需要做的不是如何鼓励孩子去写作业,而是要反思成人是否在违背孩子的身心发展规律,"迫使"孩子幼儿园教育严重小学化。

第二部分
认知学习篇

　　如果非要预测出年幼时期源自内心表达的涂鸦,对孩子未来的学习可能会有什么益处,我想那一定是对学习的热爱,而且是持续一生的热爱。

小朋友画作和真实情境照片对比——孩子只关注红枣,于是完全不画叶子。被带有硬刺的草划疼,这种草画成了左侧锯齿状

第 10 章

入学准备——心理准备比物质准备更重要

> **养育要点**：幼小衔接，一直是家长们比较关心的问题。其实，孩子心理水平的发展在顺利适应小学生活的过程中，具有更加重要的作用。心理并不简单指重视和认真这些比较"务虚"的内容，还包括很多实实在在的能力。我个人对孩子上学前的要求就是，能够闭着眼睛从书包里拿出任何一本你想拿的书本来。

家有小孩要入学

榕榕9月份就要从幼儿园毕业，升入小学。榕榕妈妈为他准备了书包、铅笔盒等一系列学习用品，可是妈妈还是有很多担心：他能适应小学的生活吗？他能和同学相处好吗？他上课能注意听讲吗？在这两个多月里，到底还应准备什么呢。

首先，家长和孩子从心理上都要积极地正视升入小学这件事情。对于一个人来讲，升入小学标志着他开始接受正式教育。尽管接受小学教育是一种普遍的权利，也是一种法定的义务，但是仍有很多儿童没有如此幸运，在全球有超过1亿6000万儿童没有接受小学教育的机会。从这个角度来讲，我们应该感到庆幸和幸福，因为我们的孩子有机会进入小学接受教育，这意味着我们的孩子即将在知识的海洋里遨游，毕竟只有知识才能最终提升我们的生活品质。因此家长要让孩子对小学生活产生"憧憬"，而不是"畏惧"：日常生活中要加以正面引导，可以跟孩子说，"上了小学你就是一名真正的学生了，能看很多书，学习很多很多知识，还能戴红领巾呢！"

其次作为父母，当家里有孩子要进入小学，除了做好必备的学习用品准备，更需要做好孩子心理发展上的准备。父母一定还记得，当第一次送孩子上幼儿园时，我们是多么不安多么担心。然而和幼儿园生活不同，小学低年级孩子最容易出现入学不适应、缺乏学习兴趣、上课不注意听讲等问题。父母在面对自己的孩子时，最应该做到的"具体孩子具体分析，不同孩子做不同准备"。这要求我们家长必须要准确把握自己孩子的发展水平和发展特点，绝不能盲目从众。只有明确了自己的孩子在适应小学学习的过程中，可能会出现哪些问题，目前还有哪些问题需要进一步解决和补充，才能对症下药。家长的这种个性化教养孩子的意识是非常重要的，有了这样帮助孩子的意识，我们才有可能和孩子一起做好入学前的充分准备。

在具备了这种个性化教养意识之后，我们可以进一步了解孩子的发展过程中的一些共性问题。从儿童心理发展来看，儿童期个体处于勤奋对自卑的阶段，在这一阶段，儿童为了应对由父母、同伴、学校以及复杂现代社会提出的挑战而需要不断地付出努力。众多研究结果也表明，个体在儿童期的勤奋与日后的成就有很大关系。也就是说，那些在儿童期学习很努力的孩子，往往在成年后将有更大的成功，表现出更好的发展。

从学习行为本身来说，小学低年级的学习生活，最重要的就是建立良好的学习习惯。孩子的作息时间不规律、注意力不能长时间集中、经常丢三落四，这些看似不起眼的小毛病，实则显示了孩子在心智和思维方面的不成熟。面对这样的孩子，我们需要在入学前的时间里调整他的休息和起床时间，一般人建立一个新的习惯，都需要一个月的时间。对于考虑问题不全面，注意力分散的孩子，要为他安排安静的环境进行学习适应，可以提供孩子喜欢的书籍，也可以是喜欢的玩具，重点需要关注的是孩子能够全身心地投入做事，让孩子多体验全神贯注的感觉，这样才能更大程度上保障孩子在小学课堂中和老师一起进行思考。

从学习内容上来说，通常孩子需要具备三方面的内容，一是要会阅读、二是会写作、三是要会计算。阅读能力往往是孩子阅读经验累积的结果，无论是图画还是文字，要求孩子能够解读里面蕴含意思，而写作则是在孩子具备一定的书写能力以后，用文字表达自己的思想的能力，阅读的培养一般在孩子 4 到 8 个月就可以开始了，而文字表达是建立在口头表达和孩子阅读经验的基础上，这都需要从小培养，逐渐累积。而计算一方面需要理解、记忆和训练，另一方面计算中最为重要的是 20 以内对两个数相加时的"进位"理解，可以说对这个进位真正理解了，孩子在小学一年级的数学学习的关键性问题就得到了解决。

凭借上述"条件"，我们的孩子就能顺利升入小学了！

孩子的注意力不是你想的那样

常有家长担心孩子注意力不集中，跟我讨论培养注意力的妙招。让我惊讶的是，家长很多时候都对孩子的注意力进行了错误的判断。比如，一位妈妈说自己五岁的女儿，上英语兴趣班时总是注意力不集中，不能像其他小朋友那样边做动作边说英文儿歌。详细问下来我才发现，其实她女儿注意力很好，只是她的学习方式不同而已。她偏好于安静的学习方式，比如自己阅读，或者是坐在那里学儿歌，难以适应一边动作一边记忆。最好的说明就是，包括外教在内的所有人都认为孩子没能融入学习，但她却完全独立流畅地用英文说出了儿歌。表面上看她没能很好地注意和学习，但是她用超棒的学习效果告诉我们，她的注意力一直在，只是妈妈一直都误解。对于这样的孩子，与其强迫她载歌载舞地学习，不如一边尊重她安静学习的方式，一边带她多参与促进协调性发展的运动游戏，比如拍皮球、滚爬、跳绳等。

爱告状的孩子到了小学可能没朋友

茜茜拿走了小芝放在旁边的娃娃，小芝立马找到老师"告状"：老师，茜茜没礼貌，抢我的玩具！如果你的宝贝儿也像小芝一样，喜欢给别的小朋友贴上负性标签，那你可要关注一下他的社交能力了！事实上，高情商社交能力强的孩子很少去告状，而是在能够审视所处情境后，说出适宜的话表现出适宜的行为。高情商的小芝看到茜茜拿走玩具后，会说：茜茜，我正在玩这个娃娃，你换个别的好吗？要不咱们一起玩吧？

告状，只能让孩子获得短暂的帮助和小小的利己，但由此带来的坏处却不胜枚举：常有负性情绪、消极对待冲突、简单的思维、较弱的问题解决能力、负性的归因风格、不懂同伴间的共情、缺乏异位思考能力、习惯于指责他人等。不久以后，身边再无朋友。这正是"心理理解"能力匮乏惹的祸。因此我们鼓励孩子"求助""陈述"和"讨论"，但绝不要鼓励他们的"告状"！

如果孩子在幼儿园阶段很喜欢告状，家长一定要注意引导，因为这可能为孩子日后的小学生活带来极大的不适应。而告状本身，常常反应的是孩子解决问题的思维。

小学一年级都要求掌握什么

了解小学一年级要求孩子掌握什么，这可能是我们为孩子做入学准备的捷径。虽然每个地区每所学校的教学计划和内容要求不完全一样，但是大致的知识点要求还是有很多共通之处的。

我为大家呈现这些知识点内容，是让大家更有目标可寻，并不是说我们在孩子真正上小学之前就要强迫教授这些内容，但是如果我们发现孩子自发对这些内容感兴趣，进行有意识引导或进行相关的游戏，那是完全没有问题的。

在语文的学习方面主要有以下几方面：

1. **汉语拼音**。学会汉语拼音，能读准声母、韵母、声调和整体认读音节，能准确地拼读音节，正确地书写声母、韵母和音节。能借助汉语拼音识字、正音、学说普通话。这个内容可以在大班第二学期再进行一些准备，让孩子对这些拼音不陌生，但是这些准备都比不上我们平常给孩子说话阅读的机会更有效。

2. **识字与写字**。喜欢学习汉字，有主动识字的愿望。认识常用汉字 400 个，会写其中的 100 个。掌握汉字的基本笔画，能按笔顺规则写字。字写得正确、端正、整洁。考查：共几笔，第几笔是什么。初步养成正确的写字姿势和良好的写字习惯。如果大家坚持让孩子参与涂鸦活动，这些内容根本不用刻意训练，水到渠成。

3. **习惯养成**。上课专心听讲、认真读书、积极发言。书写认真、工整、干净、漂亮。及时改错，今日事，今日毕。及时复习。卷子改错、签字、带回、保存。只要孩子在幼儿园阶段完全胜任幼儿园生活，这些习惯养成其实都已完成。所以，大家不用那么担心小学阶段的学习。

在数学的学习方面主要有以下几方面：

（1）认识 20 以内的数，会读、会写、会用数表示几个和第几。

（2）20以内，不进位加，进位加，不退位减。

例如：2+3 9-1 13+5 8+7 16-4 …

（3）能解决简单的应用问题。

（4）能认读钟面。

（5）理解并正确使用符号">""<""="。

（6）认识个位、十位。

（7）能发现数和图形排列中的简单规律。

（8）认识常见的立体图形和平面图形。

（9）测量。联系生活实际，会比较物体的长短和高矮、比轻重、比大小。

（10）图形和位置。能用上、下、左、右、前、后描述物体的相对位置。

（11）统计。

孩子对数学的学习主要在生活中完成，想要孩子数学好，一方面要拓宽其对数学的内容的理解，在图形逻辑方面多进行训练，还要特别注意引导孩子对数字的敏感性，对于喜欢数数的孩子，可以尝试进行倒数跳数等多种游戏。

第三部分

人际情感篇

　　人际情感是社会认知和人格发展领域中的重要内容，孩子在 3~6 岁阶段会发展出自我概念，即孩子认为自己是个什么样的人，其中有个重要的方面便是建立自信。与此同时，孩子开始把同伴看作独立的个体，同伴交往越来越频繁和复杂，对孩子的社会交往技能有了更高的要求，因此帮助孩子发展同伴关系也成为养育的重要内容。另外，孩子年幼时道德是以规则为基础的，奖励和惩罚常被父母用来鼓励和控制孩子的行为，只要是好的行为就要奖励？只要是不好的行为就要惩罚？本篇内容会告诉你，养育绝不会这么简单。

　　在孩子的人际情感培养方面，我着重讲述三个问题：①自我意识和概念，主要探讨儿童自我理解是什么样的，有什么样的表现，我们该如何帮助儿童建立客观真实的自我意识概念和情感体验，如何引导孩子增强自信；②关注他们的社会生活，他们的安全依恋通常是怎样的，分离焦虑有哪些表现，应该如何帮助他们克服焦虑以适应新的环境和生活，尤其是他们如何和同伴进行游戏，如何引导他们遵循游戏规则，进行集体游戏，成人应如何通过引导和训练来塑造儿童的行为，进行更好的社会交往和同伴互动，如何应对亲人的分离、离世，如何适应家里的兄弟姐妹；③道德发展，主要考察孩子们的社会公德的发展，对行为准则的理解，孩子的共情和道德行为、规则意识、是非标准是怎样的，以及家长可以采用的引导策略和干预措施。

因此，在这一部分里，我们会从亲子关系、同伴交往，包括兄弟姐妹和同伴互动等方面来进行阐述，我们也特别选择了家长们比较关注的分离焦虑、社会公德和奖惩原则，希望在这些内容的养育过程中，进一步滋养孩子的情感发展。

第 11 章
亲子关系——远离亲子沟通中的曼陀罗

> **养育要点：**在众多的社会关系当中，无论从影响力度还是影响时限来说，亲子关系都首当其中最为重要。从孩子一出生开始，我们与他们之间的关系就注定了是一辈子的相处。亲子关系中有两个重要的内容是亲子教育和关系的互动性。良好的关系是高品质教育的保障，而良好的互动性则是高品质关系的保障。

亲子沟通不等于亲子教育，当我们单独提到沟通和教育这两个词语时，会觉得很容易区分。沟通更加随意，教育更加专业。但是，当我们在这两个词语前面都加上亲子时，就很容易混淆。这也是很多父母在养育过程中容易混淆的内容，用亲子教育代替亲子沟通。只要一跟孩子说话，就全是教育，完全放弃沟通，沟通在于分享交流，特点是平等互动，而教育在于传授引导，特点在于权威单向。与父母给予相悖的是，孩子往往更需要沟通，而不是教育。如果你们的亲子关系出现问题，那首先就要反思一下，你们的沟通是单向还是双向？

有爱的管教更有效
儿童心理专家跟你一起养育孩子

在我们的常识中，大部分绿色开花植物对室内空气都有好的影响，但是曼陀罗却是个例外，它全株有毒，如果不小心误食其种子、果实、花和叶，就会导致不同程度的中毒，严重时可至死亡。

曼陀罗的毒性，几乎尽人皆知。然而，不良亲子沟通引发的毒性，却往往被我们所忽视。看看媒体公布的大数据，多少家庭有亲子沟通问题？环顾身边的亲朋好友，多少家庭没有亲子沟通问题？因此，并不是所有的沟通都对亲子沟通有益，有些伤害彼此的沟通，有还真不如没有，沟通有害时，不如远离，保持沉默。就像一株曼陀罗，我们只要欣赏它的美，不要触碰它的毒。

亲子沟通真的有那么难，需要无穷的智慧吗？真的需要耗费彼此的心力，无休止的斗智斗勇吗？真的像高深的艺术一样，遥不可及吗？远离亲子沟通中的曼陀罗，你只需记住三点，就能防毒入侵。

♡ 第一点：爱

无论何时何地，无论因为何事，只要你记住你的亲子沟通必须有爱，你就不会差到哪里去。可恰恰，很多人就晕死在这个词语上。说着说着，就把爱给弄丢了。

来看一个画面，一位小学生玩累了，穿着衣服，倒在床上便睡。这时家长走进来，要帮孩子关上大灯，换上小夜灯，孩子突然坐起来，大声喊叫："别关灯，我还要复习呢！明天还要考试！"说完，又倒头睡下。家长一下子走到床前，对着孩子说："我告诉你，现在必须睡觉！你是我生的，我绝不允许你残害自己的身体！你现在最需要的是睡觉！"说完，不等孩子反应，就关了大灯，开了小夜灯。听完大人的话，孩子酣然入睡。

在上述画面中，家长虽然是强制的态度、强硬的做法、没有任何温柔艺术的表达，但孩子感觉到了深深的爱。

再来一些假想画面，面对同样的情境，如果家长非要孩子起床去复习？如果家长训斥孩子，既然想要复习，怎么还在睡觉？如果家长讲道理宽慰孩子，没关系，身体才是最重要的，先不要复习啦。大家推测一下，孩子能安然入睡吗？对于一个心中充满纠结，疲惫不堪还想着学习的孩子，你做什么都不如让他深刻地感受到你的爱，让他学会在现有的条件下，做出最优的理性选择。

由此可见真的无法界定什么特定的语气和内容绝对是爱。爱就是这样一种很玄的东西，无声无息，让人难以捉摸，却又真实存在，随时可感触。

♡ 第二点：信任

在跟孩子沟通过程中，无论是对自己还是对孩子，你必须保有信任。缺乏信任的沟通，往往是孩子顶嘴、父母咆哮的罪魁祸首。不信任引发的毒性，常常存于我们的潜意识里，不容易被探知。

来看一个画面，父母下班回家，看到孩子，第一句话就是："写作业了吗？又在那里玩！"或者是从幼儿园里接上孩子，第一句话就是："今天听老师话了没有？没捣乱吧？"这些质问和疑问的潜台词都是："孩子，我真的不相信你！"作为父母，你不相信孩子会主动写作业，你认为他最喜欢各种玩，你不相信孩子会听你的话，完成你布置的任务；你不相信孩子有很好的幼儿园适应，你不相信他会遵守幼儿园的各种规则，你不相信他能跟老师和小朋友们有很好的相处。

这种沟通，无论哪个阶段的孩子都会感到委屈和不爽。任何一个孩子，都能从你的沟通中，感受到你的不信任。而你的不信任，则很容易引发孩子的判逆、被动和失败。那怎么沟通才能表达信任呢？

现在，退回到你刚回家那一刻："宝贝儿！我回来了！你在哪？我好想你啊！"如果孩子一下子窜到你的身上，你再问他："怎么样，完成作业了吧？要不要给我看看！"如果他完成了，他一定有成就感；如果他没完成，他一定有内疚感，这时你再询问："为什么没完成？咱们计划的内容太多啦？你有别的事情耽误啦？"总之，你传递的信息，应该是"孩子，我相信你能管理好自己，你能按照计划行事，你有能力胜任生活。"绝不能是："你看你，我就知道，你不爱写作业，果然不出我所料。"

只有当你真的愿意相信孩子时，你和孩子之间才能有愉快的亲子沟通。所以你是选择曼陀罗中毒，还是欣赏它的美，关键是看你有没有信任。可以说，你见到孩子的第一刻时有没有给予信任，就能决定你们之后的沟通是否顺畅。

♡ 第三点：解决问题

不得不说，很多亲子沟通失败，都在于初衷是解决问题，最后却都是在发泄情绪，尤其是家长主动沟通的时候，大多数都不是在分析原因，也不是在寻找改进措施，而是在发泄不满等负面情绪。这样一来，不仅解决不了孩子的问题，还很容易让孩子习得你毫无理性处理问题的方式，给孩子带来巨大的心理压力。

我多年前接触过一对父女，女儿跟我说，父亲对她的期望很高，希望她成为女强人、女企业家。从小就这样，可能她是家里的第一个孩子吧，因为她发现爸爸对弟弟就完全没有这些要求。因为这个期望，爸爸要求她每次考试都要力争第一名，凡事一定要做到最好。但现实是，她根本做不到，她觉得自己就是累死，也达不到父亲的期望，自己永远无法令父亲满意。她常常感到很压抑，一方面，觉得爸爸这样苛求自己实在不应该；一方面，又觉得有些能够理解爸爸的心思，总之，心里很堵，压力很大。

为了说明爸爸的武断，她再现了几段对话，他们的对话经常是在爸爸的书房里发生的，常常是这样的：爸爸问，你长大了想做什么？她说，画家。爸爸随即会暴怒，一口气说很多话，大致就是，当画家有什么好？你能养得活自己吗？你能赚多少钱？你能像达·芬奇那样出名吗？……直到爸爸说够了，又会讲述自己的公司，讲述自己管理公司的种种不易和辛苦，言语中也会鼓励女儿，好好学习。

后来，女儿说自己想着学乖了，爸爸毕竟还是疼自己的，看到爸爸发脾气的样子，觉得他也是很痛苦的，心想自己就顺着爸爸说吧，也让爸爸高兴。当爸爸再问，你以后想做什么时？她不再说画家，而是说自己想成为女强人、女企业家。不成想，爸爸不但没有自己预想的那份高兴，反而更加暴怒了，他咬着牙说："想法很好，可你拿什么成呀？你看看你自己，成绩这么差，你想成就能成吗？你有那个资本吗？……"

说到这里时，女孩深深地吸了一口气，看了看我，说，您说我不容易吧？女孩眼圈有些红，但是没有流眼泪。孩子说，她最大的困惑是，实在不知该如何跟爸爸沟通？不知道这样的生活哪天才能结束？她自己试图请爸爸尊重自己，告诉爸爸自己很努力，可是爸爸实在强势，自己永远也说不过他。女孩说，有时觉得爸爸并不是在帮助她，教育她，倒像是他自己在定期发泄，说完了，他好像就很舒服了。自己就跟爸爸的出气筒一样，是个倒霉的导火线。

亲子沟通包括亲子教育，但绝不能全是教育，沟通更应该是畅聊，内容大都是看似无关的闲碎小事。想要好好沟通，你就需要想一想，你的孩子正在经历着什么？他遇到过什么事情？事情是怎样解决的？你对孩子说过些什么？你对孩子做过些什么？你表达的是爱吗？你给予了孩子信任吗？你真的帮助他解决了问题吗？

就像人来到这个世界上一样，都难免最初的那一阵痛，之后，也没有人能代替你呼吸，代替你吃奶，你不是靠着自己就做到了吗？正如没有人能代替你欢乐和伤悲一样，没有人能够完全懂你，只有你自己最了解自己，你经受了什么，感受到了什么，你可以经常与内心的自己对话，你的教养之道，只能由你自己亲自摸索而来，摸索到了，你就能享用一辈子，一劳永逸。条条大路通罗马，其中一条路，就是跟孩子好好沟通。

生活中，你可能需要时刻提醒自己，没有人的生活是绝对完美无瑕的，但是，不完美并不代表不能幸福。即使生活里有些缺失，我们仍然可以获得富足感，即使沟通达不到极致效果，我们仍然可以感受亲密感。尝试上述三点，让我们远离亲子沟通中的曼陀罗，只要欣赏它的美就好。

第 12 章
增强自信——始于建立他信和避免空谈

> **养育要点：** 正如安全感一样，很多时候不是别人能够给予的，而是要自己给予自己。自信亦是如此。并不是我们一味鼓励孩子要自信，他就能自信，自信首先要建立在他信的基础上，其次则是要真正拥有自信的资本，不可空谈。

♡ 孩子不自信可能是因为缺少他信

家长常会感到困惑：孩子在家人面前、在熟悉的环境里，就会特别大方自信，怎么在外人面前、在不熟悉的环境里就不自信了呢？孩子自娱自乐的时候，表现得特别好，可是只要发现有人在看他，就会立马停下来，很是害羞的样子。孩子明明能力很强，可为什么会对自己没有信心呢？

更加令人困惑的是，小孩子通常是天不怕地不怕的，热衷于探索的心性和强烈的好奇心使得他们往往会高估自己的能力，所以他们会状况百出，常常犯错。既然孩子习惯于高估自己，为什么又会表现出不自信觉得自己不行呢？

想要弄明白这个问题，咱们先要再来了解一下什么是自信。

严格意义来说，自信并不属于心理学领域的词汇和术语。跟自信最为接近的心理学术语便是心理学家班都拉提出的"自我效能感"。但是，确实有很多家长会想要请心理学家帮助孩子提升自信。

自信，简单来说指一个人对自己能力的信心，即是否认为自己能够成功完成某些事情或具备哪些能力。换句话说，大多数情况下，我们会认为自信指的是个体对自己的信任。于是，当一个孩子表现出不自信时，家长便会想办法提升孩子对自己的信心，比如，鼓励孩子"你很棒！你要对自己有信心！相信自己！"或者是让大一点儿的孩子进行自我暗示："我很棒！我能行！我不怕！"可事实证明，这些方法往往令人失望，很难获得预期的效果，这究竟是为什么呢？

上述常用的亲人鼓励和自我暗示，对于容易受到环境影响的孩子是会有效果的，但是对于一些天生个性比较内敛容易害羞的孩子，往往效果甚微。有时家长引导不好，还会引发孩子的反感、逆反或是更加不好意思。

究其原因，这可能是因为我们忽略了自信的另一个维度，即"他信"。也就是说，一个人是否自信，不仅要对自己有信心，更要对别人有信心，对他人将会给予自己正性反馈有信心。当孩子认为别人可能不会像爸爸妈妈等熟悉的人那样接纳他、鼓励他、表扬他、认可他、宽容他、称赞他的时候，内心就容易缺乏对他人的信任，在行为上很容易表现出不自信，比如扭捏、恼羞、尴尬、慌乱、害怕等。

孩子缺乏"他信"既有先天个性特质，也有后天家庭教养和自身心理发展水平的影响。那些，在严格要求、缺乏民主、缺乏包容、气氛严肃、缺少童趣的家庭环境里成长出来的孩子，更容易表现出不自信，原因就在于这些孩子没有对他人积极正性的反应建立起应有的信任和预期，总是想象着别人会对自己有负性消极的反馈和评价。现实生活中，有些人首先会感到自己永远无法得到父母的认可，不能让父母满意。年幼时积累下来的印象会汇集演变成一个魔咒，让孩子一辈子不自信，被强烈的自卑困扰。

如果孩子常常会体验到上述负性情绪，给自己不断施压，不由自主地为自己营造出一个负性磁场环境。但是，如果家庭环境宽松、包容，充满疼爱和鼓励，有些孩子就会在自己熟悉和信任亲密的人面前，表现出大方和自信，因为他信任这些亲人会友好地接纳他鼓励他。这也就解释了为什么有些孩子在家里和外面完全是两个样子。

因此，想要让孩子自信起来，我们不仅要营造积极正性的家庭氛围，还可以从帮助他们建立"他信"入手，具体来说就是建立对他人正性反馈的信任。可以通过家里的假装游戏，或是绘本故事的讲解，让孩子能够客观了解他人的行为意图。

家长要懂得这样一个道理，那就是"越是小孩子越要给予积极反馈"。这里说的积极也包括客观真实的反馈。而孩子对他人的信任，往往是建立在他人对自身不断积极反馈的基础上的。没有上幼儿园之前，孩子基本上已从父母那里形成对他人心理的认识和理解。

现在我们假想一下，如果一个小孩子，在家里，有了一些夸张的表现或是疯狂的举动，家长就立马去制止，或是填鸭式注入他人的负性评价，这无形中，一定会让孩子对外界里的他人形成一种无形的恐惧和担忧。

比如，孩子在家里乱蹦乱跳，弄出很大声响，因为担心影响到楼下的邻居，有些家长没有跟孩子讲道理，反而是采用吓唬的方式："快别跳了！一会儿楼下的奶奶该找你来了！该批评你来了，说谁这么吵啊？我要让警察把他抓走！"

咱们仔细分析一下家长的话，不难发现，在管理孩子的一些行为时，不经意间为他人加上了恶意的意图以及简单粗暴的行为，让孩子因为害怕和恐惧而停止捣乱。可想而知，孩子再次遇到楼下的奶奶时，会是怎样一番心境呢？

也许，我们大人早就把自己说过的话忘记了，但是对于孩子来说，这样日积月累起来的管教，就会让孩子对他人这个群体存有敬畏和害怕的心理。

此时，我们再引导孩子大方地跟奶奶打招呼，孩子自然是扭捏不自信的，绝不是因为他认为自己不会说话，而极有可能是他还在做贼心虚，担心不知哪一会儿奶奶就会跟他兴师问罪呢！

所以，再遇到孩子在家里乱跳时，您可以这么做，面露惊奇："哇！宝贝儿！跳这么高！你在做什么？"孩子也许会说，我在学奥特曼呢，正在打坏人！这时，您可以抱住孩子："奥特曼，可是个大英雄啊！真棒！"得到认可的孩子，感受到了父母的爱通常更好"管理"。这时您可以接着说："大英雄，楼下的奶奶喜欢安静，奥特曼弄出这么大动静，奶奶会不开心的！这可怎么办呢？"越是小孩子越喜欢帮助别人，往往我们把难题推给他，能激发孩子的利他行为，这时孩子可能就不会再抗议或是立马灰溜溜地收兵。因为父母讲道理后，孩子会转而考虑一下他人的感受，正确识别后，主动调整自己的行为。

通过这样的提醒和对话，孩子对他人反馈就学会了正确预测和识别，即因为我影响到了别人，所以别人会有情绪反应。正确识别之后，孩子会基于利他的考虑，收敛和规范自己的行为，对他人充满信任和期待，希望自己的行为不会打扰别人，能让别人有开心的感觉。绝不是以往家长讲的那样，因为我影响了别人，别人就会恶狠狠地来收拾我！如果是这样的引导，孩子就很容易以暴制暴以牙还牙，因为想到对方可能会表现出恶，有些孩子就表现出逆反，更疯狂地跳跃，有些孩子则会软弱地被父母的话语吓到，再也不敢造次。不管是哪种行为，可以肯定的是，吓唬式的家庭教育，势必让孩子失去对他人的信任。而后，这种不信任会迁移和泛化到很多不熟悉的人群上，让孩子畏惧在别人面前的表现。

简而言之，规矩特别多，或者总让孩子顾及外人负面评价的家庭里养育的"极为懂事"的孩子，往往容易缺乏"他信"。更为糟糕的是，一旦小时候缺乏"他信"，这些个体长大后就会习惯于缺乏。事实上，很多想要培养孩子自信的成人家长，自身就是缺乏"他信"的个体，即使这些个体日后取得再大的成就，在他们的内心深处，仍然是缺乏自信这一积极的心理品质。尽管在自己最为擅长的领域内，这些个体可能常常表现出自信，但是一旦到了自己并不熟悉的领域，他们会立马回到幼年时的原点，再次表现出不自信，或是盲目排斥和拒绝。换句话说，这些个体并没有真正获得自信，所以他们的自信往往也是不稳定、不持久的。环境稍一改变，便会让他们变得焦虑不安，进而表现出不自信。

因此，想要从源头上提高孩子的自信心，先从帮助孩子建立对他人行为反应的合理预期和信任开始，其中最重要的便是帮助孩子善意地解读他人的心理和意图。

♡ 孩子的自信不是空谈的

自信对于孩子来说是非常重要的。当孩子有了自我意识以后，就开始尝试着进行自我评价，评价自己的能力、自己的相貌、自己的行为等等。当孩子对关于自己的事情有更多正性评价的时候，他们往往更多地表现出自信。和成人相比，孩子若想建立起自信，光靠嘴上谈往往效果不好。如果家长只是一味地告诉孩子，你要有自信，这对孩子来说是非常抽象也是难以实现的。帮助孩子建立自信，有三条很重要：

1. 让孩子在做事中建立自信心。儿童心理学家皮亚杰提出的"行动＝知识"，是对孩子发展特点的精辟总结。孩子只有在参与做事的过程中，才能更有效地掌握新知识新技能，学到真本领。

越是孩子不自信的事情，越要陪伴他多多练习。自信心并不能在一两句鼓励的话语后就自行建立。因此，家长一定要想尽办法鼓励孩子多多参与各种活动，尤其是和同龄人一起进行的活动，不要让孩子沉溺在一个人、成人或是虚拟的想象的世界里，因为只有在真实的世界里进行活动，孩子才能在一次次失败和成功、一次次小小的克服自己战胜恐惧的过程中建立自信，奠定自己的正性评价基础。

2. 让孩子学会关注自己的变化。有的孩子没有自信，往往是只和最优秀的表现者进行对比。事实上，人的更多发展应该是建立在自我的成长中，不断超越自己，不断完善自己，才是一个人一生中不断进行的事情。在孩子学会看到自己的点滴进步以后，会更容易建立自信，这时他们对自己的正性评价是真实而且有依据的。由于孩子很感性直观、难以反思，有时很难看到自己的变化，这就需要家长帮助他们看到自己的小小的变化。比如孩子骑不好车，现在骑得更稳了，孩子握不住笔，现在能拿笔涂鸦了，都是比自己有进步。

3. 引导孩子建立多种评价标准。任何事情都有不同的评价标准，对于小孩子，更不能局限于狭隘的标准之内，这样会让他们缺乏想象力，没有创造力，很自然地看低自己。每个人都有自己的长处，每个人都有自己的不足，虽然只是小小的孩子，家长也需要让他们了解，自己有些事情能做得很好，自己很擅长，自己有些事情确实暂时做不好，这也是应该接受的。如果想要改变，不能一味懊恼，要行动起来，更要做起来。

比如有的孩子绘画好，有的孩子唱歌好，有的孩子数学好，有的孩子跳舞好，有的孩子下棋好，我们家长要引导孩子发现自己的兴趣和优势，坚持下去做到更好，而不是盲目地艳羡别人只引发情绪上的波动，不能带来实际行动。

第 13 章

兄弟姐妹——如何应对大宝和二宝

> **养育要点**：从某种意义上来说，兄弟姐妹也是同伴关系的一种。如果你不仅有一个孩子，那你就要做到无比公平，不要任性地厚此薄彼，毕竟每一个孩子都是你的宝贝。接纳孩子的差异性，懂得传递绵绵不断的父母之爱，是你此生需要学习的课程。

♡ 你真的需要勇气来面对大宝的失落和争宠

很多妈妈在有了二宝之后，面临新的养育问题：如何应对大宝的失落和争宠？

有些大宝，本来没那么依恋妈妈，已经完全可以独自睡觉，但二宝出生后，大宝就不能独立睡了，以各种理由要求妈妈陪伴。比如说自己害怕、想听妈妈讲的故事，即使爸爸想要代替分身乏术的妈妈，也往往被大宝无情地拒绝，大宝会明确表示，只要妈妈！

有些妈妈甚至说，单独带大宝出去玩时，从来不敢在别人面前提起二宝，因为只要一提起，大宝就会来一场哭闹大戏，撒娇赌气，各种挑剔和不顺心。以至于二宝都两岁多了，自己从来不敢在朋友圈里晒二宝，因为大宝会定期检查妈妈的朋友圈，规定妈妈只能晒自己，不能有二宝的痕迹。

还有的妈妈，迫于现实的不得已，只能把大宝托付给老人照顾，自己照顾二宝，每周末将大宝接回身边。每次回到自己家时，大宝都会仗着自己的年龄优势，抢夺二宝的玩具，发生争执时，还会动手打二宝，之后自己还会恼羞成怒，哭闹不止。离开自己家时，大宝都会哭得稀里哗啦，不肯离开妈妈；单独在老人家时，稍不如意便是一场"枪林弹雨"。妈妈也深感愧对大宝，便会无底线地纵容，但又深感不安，担心宠坏了大宝。

如果你也面临这样的境况，先别着急寻找应对策略。你现在最需要的是调整自己的心境，你需要给自己一点勇气和自信！下面让我来告诉你为什么？

首先，回想一下生二宝的初衷：希望两个孩子相互有个伴，长大后能够相互照顾，即使你们都老了离开了，两个宝贝也是彼此的至亲。

现在，回到现实来：因为二宝的到来，貌似大宝的生活质量在下降？被疏于照顾？或是无形中被忽视？甚至有时你会怀疑，自己选择生二宝是不是错误的决策？

为此，你是否每天需要小心翼翼地跟大宝相处，生怕触动他那根敏感的神经？更严重一点儿说，你是不是很害怕面对大宝？

好了，如果真有这样的感触，你现在最需要的就是解决大宝的几个观念问题：

1. 大宝没权利拒绝二宝。 是否生二宝，你和孩子的父亲才是真正的决策者，而大宝只能接纳，没有参与决策的权利。当一个人被无形赋予了不属于他的权利时，他就很容易滥用。你越是纵容他的权利，他就越加滥用，直到有一天，你们自己都糊涂到，生不生二宝应由大宝决定。因此有必要明确一点，大宝二宝都是爸妈带到这个世界上来的，只是先后顺序不同而已。

2. 妈妈的爱是无限无止境的。 大宝失落争宠，很多时候是因为他对二宝有偏见，认为二宝就是来和他分争这个世界的：恰似家里有一个大苹果，本来自己可以尽情独享，但是二宝来了，我的苹果必须要分享，这种想法会让大宝感到紧迫和不安。鉴于此，有必要让大宝明白，妈妈的爱不是有限的，而是无限的。

3. 妈妈的爱完全可以跨越时空存在。 大宝会认为，妈妈照顾二宝的时候，一定就不会再爱自己，或是不能同时爱着自己，所以他们会要挟父母，放弃照顾二宝，像以往一样陪伴自己。认为只有亲身陪伴，才是爱的表达和存在。

一旦大宝有了这样的偏见，他无疑会心中作祟，忐忑不安。为了需要帮助大宝更新想法，你可以试试下面的解释和做法：

妈妈的爱不是有限的，像个苹果或是一杯水一样，给了二宝就不能给你；妈妈的爱是一汪泉水，给了你或是二宝之后，爱又会马上充满，源源不断，取之不尽用之不竭。

人的生活就是有失有得，你上了幼儿园就不能每天跟妈妈在一起，但是你却认识了老师和新朋友，玩到了更多的游戏，有些游戏是妈妈都不会玩的。家里有了二宝，妈妈确实照顾你的时间少了，但是你有了弟弟妹妹，他们会成为你新的伙伴，以后不仅有爸爸妈妈爱你，还会有二宝也来爱你。

妈妈同时爱着你和二宝，但有的时候方式不一样。妈妈陪你写作业，跟你聊天时，妈妈的人跟你在一起，心里也爱着二宝；当妈妈去给二宝喂奶换纸尿裤、哄二宝睡觉时，妈妈的人跟二宝在一起，同样心里也爱着你。在妈妈的心里，住着你们两个宝贝，妈妈心里的房子很大很温暖，足够装下你们两个。不仅如此，妈妈的心房里还装着爸爸、姥姥和姥爷，能装下好多好多人，大家都不会觉得拥挤，装的人越多，妈妈的爱就越多。

当意识到大宝在失落、争宠、嫉妒时，你首先不能退缩和畏惧，更不能回避问题，听之任之。而是应该勇敢面对，如果你面对现实，将会给大宝身心发展带来更大的益处，试想一个连弟弟妹妹都容不下的孩子，将来能有多大出息？你纵容大宝，那么他无疑会习得这种消极处理的方式，以后遇到任何难题，第一时间想到的就是发泄情绪或是回避，你会不经意间成为大宝社会情感发展的绊脚石，剥夺大宝提高社会相处技能的机会。这样的大宝，很难在同伴群体中受欢迎，多是霸道、敏感、自我为中心和退缩的。这一定是你所不希望看到的。大宝有负性情绪，是在提示着你孩子在社会情感发展方面存有问题，你可以通过自己的努力，将亲子危机转换为亲子时机，把困境当成挑战，或许你应该感谢二宝的到来，让你能够更加全面地认识大宝的心性，帮助大宝不断完善自己。

在更新大宝的观念时，你也会顺便将自己更新和充电，你可以借此让自己变得更加幽默和睿智：

比如，因为一心照顾着二宝，你无暇分享大宝的好成绩，因为你没有夸奖，大宝感到不满时，你可以故意冷冷地说，这有什么啊？我习惯了你的优秀！你可能想不到，冷冷的忽视，却能让大宝对你怎么都爱不够。

当你发现大宝开始厌烦二宝时，就可以抢先示弱，吐槽二宝的诸多不是，正所谓"哀兵必胜"。前提是二宝不能获取任何负性信息，而且你的大宝是个刀子嘴豆腐心。你可以把大宝想说的话全说出来：二宝太烦人啦，每天占着妈妈，都影响我们大宝了。还吃咱们家那么多好东西，干脆送人算了！结果你会发现：一个连玩具都舍不得扔的孩子，又怎么舍得扔掉活生生可爱的二宝呢！

用心为大宝二宝制作一些对比照片，同时贴在家里，尤其是多放些大宝小时候的照片，让他时常能直观地回顾自己小时候，妈妈也是这么照顾他的，感受生命的历程和发展过程，坦然接受另一个小生命的到来和成长。

为大宝录制一些你讲的儿歌或是音频故事，在你实在没有办法同时照顾两个宝贝时，让你的声音传递你对他们的爱，让你的孩子感受到爱的穿越性。

父母如何应对两个宝贝的七大烦恼问题

烦恼一：当二宝在场时，如何为大宝纠错？

1. **烦恼再现**。大宝回家后各种玩，不写作业。爸妈经常在二宝面前数落批评大宝，有时甚至打了一下。大宝恼羞成怒，关起门不出来；二宝观看，嘴里说不要长大，如果不写作业会被爸妈打，还会学着父母的样子训斥大宝不写作业。

2. **烦恼剖析**。要特别照顾到大宝的自尊心，以及在弟弟妹妹面前的形象，否则管不好大宝，也带不好二宝，还会离间兄妹姐妹之间的相互尊重和亲情。

3. **烦恼应对**。尽量不在二宝面前为大宝纠错，把大宝单独叫到一边去提示；当着两个孩子的面提醒他们去做自己的事情，比如大宝写作业，二宝玩积木，用同样的诱惑（如户外骑车）鼓励他们尽快完成自己的事情；无论对任何一个孩子，都不要用暴力打骂去解决。

烦恼二：当大宝使用手机学习时，如何应对二宝的索要？

1. **烦恼再现**。大宝有学习需要，会用到手机 APP 或是查阅资料，二宝见到后会吵着玩手机上的游戏，于是两个孩子会争抢。

2. **烦恼剖析**。电子产品使用一定要有度，家长一定要有手机的使用规则，越是年龄小的孩子，越要较少地接触和使用电子产品。

3. **烦恼应对**。明确手机的使用范围，如仅用于学习相关内容管控手机软件，比如不下载游戏；监控手机的使用，比如要求大宝事先预算使用的时间长短，到时间后主动归还，并向二宝说明和做示范；大宝使用手机时，尽可能陪伴二宝做些有意思的游戏，转移注意力。

烦恼三：当给一个孩子送生日礼物时，另一个也要怎么办？

1. **烦恼再现**。大宝过生日时，送了一部拍立得相机，玩得不亦乐乎，二宝也吵着要玩，可是大宝认为这是自己的生日礼物，不能分享；二宝过生日时，送了滑板车，于是大宝立马说自己的滑板车也要更换新的。

2. **烦恼剖析**。孩子通常都会觊觎别人的礼物，当任何一个孩子收到生日礼物时，另外一个都会小小地嫉妒和攀比。

3. **烦恼应对**。过生日送礼物之前，要有事先的预热和说明，可以在日历上标注孩子的生日，让他们有预先的认知；送给过生日孩子的礼物时，也要对另外一个孩子表示祝福，建议计划一下他的生日礼物，即在精神上给予关注和期望，让孩子有念想和寄托；共同享用蛋糕；延伸生日的内涵，让孩子学会在自己生日时表达对父母的感恩和谢意，理解父母养育的辛苦，说一声谢谢，拥抱自己的父母，甚至自主送父母小礼物。

烦恼四：两个孩子争抢一个玩具时，怎么办？

1. **烦恼再现**。家里有一辆独轮车，本来是想买来给两个孩子一起使用的，但是经常的状况是，要不玩都不玩，要玩都要玩，出现争抢。

2. **烦恼剖析**。容易受到其他孩子的影响，这是孩子特有的年龄特点，比如看到别人吃什么、用什么、玩什么也想要。这不仅会出现在兄弟姐妹中，也常出现在无血缘关系的同伴群体中，也是孩子从众的一种表现。

3. **烦恼应对**。征询两个人的意见，两人明确一致后，方可购买，即两人都认可谁都可以玩耍，并且愿意分享，必要时规定出轮流使用的时间，如每人 20 分钟等；如果可能，鼓励两个人一起使用，既能满足大孩子掌握主动的控制感，又能满足小孩子被照顾被宠爱的心理需求；在两人共享或是轮流玩耍很愉悦时，抓住时机录下视频和照片，平时翻看，能够在一定程度下规避日后的争端，让孩子时常重温和平共乐。

烦恼五：如何带两个孩子一起去旅游？

1. **烦恼再现**。两个孩子都喜欢去迪士尼，但如果年龄差距很大，就确实会带来一些冲突。很多时候，孩子还会拒绝由父母一方陪伴，显得很贪婪无理。

2. **烦恼剖析**。孩子在进行最渴望的玩乐游戏时，总是希望受到父母双方的关注和参与。但有时人力有限，一对父母，两个孩子，不想分开玩，就只能想尽办法在一起。

3. **烦恼应对**。决定出游前，预设可能的冲突，请两个孩子说出解决办法，比如大宝喜欢快速的，二宝喜欢缓慢的，这时就要说服他们相互陪伴，大宝玩时，二宝观看，二宝玩时，大宝陪伴；将行程的内容简化，不要贪图太多的内容，更不要总是转移地方，最好的安排是在一个地方深度地玩个够；和孩子讨论，设定每个孩子不同的出游目标，比如大宝是坐过山车，二宝是旋转木马等。

烦恼六：大宝往二宝身上撒气时该如何应对？

1. **烦恼再现**。有时，大宝因为受到父母的批评，情绪比较糟糕，这时二宝像以往一样跟他去玩时，大宝会借机发泄，从之前的接纳到拒绝，比如不再分享玩具，不允许弟弟妹妹进到自己的房间，对二宝大声喊叫等。二宝会感到很委屈，无法接受大宝的改变和负性行为。

2. **烦恼剖析**。孩子本身对情绪能力的控制就比较弱，在刚刚受到批评时，通常很难调整自己的状态，此时要尽量将两个孩子分开，在大宝恢复平静后，再让孩子们在一起。

3. **烦恼应对**。告诉二宝，大宝现在心情不好，需要安静，需要一个人待着，建议他不去打扰，有什么想法，过一会儿再说；提醒大宝，要懂得控制自己发脾气，要讲道理，不要牵连无辜的人，因为这样会让别人很伤心很难过；借助二宝，侦查大宝的状态，教给二宝沟通句式，比如，"姐姐，我想进去跟你玩，可以吗？姐姐，快出来吃水果吧。"这样不仅给大宝一个台阶下，也让二宝学会察言观色，懂得与人沟通，缓解二人的紧张氛围。

烦恼七：两个孩子一起抗议时如何化解？

1. **烦恼再现**。有时着急回家，但两个孩子怎么也玩不够，叫谁都不肯离开，有时还会相互鼓励，抱在一起不走，联合起来跟父母作对。

2. **烦恼剖析**。一味的斥责他们是没有用的，只会让孩子更加嚣张和快乐，他们在违背父母意愿时，本来是有一些内疚和担心的，但是往往由于和兄弟姐妹同盟，让他们变得格外顽皮和大胆，更加肆无忌惮地抗议父母。

3. **烦恼应对**。擒贼一定要先擒王，相对来说，先要摆平大孩子，然后才能瓦解小孩子的意志；用奖励而不是惩罚来达成自己的目标，比如抓住孩子的内心需求，告诉他们，谁先整理好回到车上，一会儿在加油站的便利店就可以买两份礼物，而晚到的就只能买一份；当大孩子表现出配合，小孩子也紧跟着大孩子时，可以说，你们都可以得到两份礼物，甚至可以多奖励一份给大孩子，这样在以后的管教中就会更加容易，能激发大孩子的模范带头作用。

第 14 章
同伴交往——孩子越大越需要友情

> **养育要点：** 随着孩子年龄的增长，3 岁以后，同伴越来越成为孩子社会生活的主要陪伴者。纵向的追踪结果会告诉你，孩子 12 岁即上中学以后，会越来越不需要父母，他们更喜欢跟同伴在一起。孩子的社会交往技能并不是一蹴而就的，而是在不断的冲突与和解过程中习得。

♡ 在欺负和被欺负的关系里没有真正的赢家

随着孩子年龄的增大，尤其是在进入幼儿园以后，孩子们跟同龄人相处的时间越来越长。交往时间的增长，也使得孩子们的社交问题和困惑越来越多地集中在同伴互动当中。

在与小伙伴社交的过程中，孩子容易遇到的两个冲突问题就是欺负和被欺负。在任何一种不良的社会关系当中，都不会有真正的赢家，双方都会受到伤害，两败俱伤终究是冲突的必然结果。只不过，有的伤害来得迅速直接，有的伤害来得缓慢隐秘。

有爱的管教更有效
儿童心理专家跟你一起养育孩子

当我们的孩子偶尔欺负了别人，或者是常常欺负别人时，肯定是要引起关注，不能因为自己的孩子在实际当中没有吃亏，就听之任之，不予关注。这是因为，欺负别人，用武力解决，是一种最为简单粗暴和低级的交往方式，当我们的孩子遇到更加强悍的孩子时，就容易吃亏受到伤害。不仅如此，如果我们的孩子习惯于欺负别人，他自身社会交往能力的提高就会受到诸多阻碍。首先，别人会排斥我们的孩子。比如，大家都知道我们的孩子爱动手，行为粗鲁，就会人为地疏远我们的孩子，别人会告诉他们的孩子，不要跟谁一起玩。这样一来，我们的孩子就会失去很多同伴游戏玩乐的机会。要知道，孩子一起游戏就是他们最好的学习过程，失去了同伴，孩子也就失去了很好的学习机会。不仅如此，我们的孩子还会在情感上感到孤独，生活中缺乏同伴的情感支持。

所以，当我们的孩子不经意间触犯了别人时，通常不是故意的，这时最重要的不是压抑和控制孩子的行为，更不是强迫孩子跟别人道歉，而是要先把我们的孩子抱在怀里，不让他继续不好的行为，然后帮助他识别自己的情绪和内心，比如说：他拿了你的铲子，你很生气对吗？你不想让他用对吗？有了这样的共情和确认后，再告诉孩子他这样做很不好，会伤到别人，让别人疼痛或者是难受，然后引导孩子，你应该怎么样去说去做，比如，这是我的铲子，还给我好吗？我先用一下，你再用可以吗？必要时可以让孩子练习这些交往中的常用句子。最后，带着孩子跟对方小朋友道歉，争取对方的原谅，鼓励他们继续一起玩。建议家长，平日里多为孩子树立一些"遵守游戏规则"的规矩，尤其是在公共的游戏场所里，更要引导宝宝排队等候，切不可放肆孩子的插队和不守规矩，现在的争抢，极有可能引发日后的危险。

还有一种情况是，我们的孩子被别人欺负了，或者是总被别人欺负，我们要怎样增强他的社交能力？有的孩子在面对比较霸道的小朋友时，就不知道如何应对。自然界有一个规律，就是此消彼涨，这一规律也同样适用于我们的社会交往。对于这样的孩子，我们不仅要站到自己孩子这一边，为他撑腰，还要告诉孩子具体怎么做，尤其是在别人第一次欺负他的时候，他要说："你这样做不对！"或者可以说："你要是再这样做我就不客气了"。因为其他的孩子欺负人的时候，一般也是尝试性的，如果我们的孩子没有坚定、适当地反击，将会助长其他的孩子对他的欺负。但是如果他给出了明确的态度，这种欺负会渐渐地减少。如果说我们的孩子的性格实在是太懦弱了，那么我们的家长可以尝试地陪在孩子的身边，给他们去壮壮胆，那么被欺负的地位就会有很大变化。

再有，有时孩子"告状"是为了"分享"自己的委屈，就像我们跟朋友倾诉心事一样。当孩子闹矛盾后，一些家长会"安慰"孩子"不要斤斤计较，没什么大不了……"。这样的话语对于 5 岁以下的孩子来说特别空洞、抽象和难以理解。孩子的情绪调控能力很弱，受委屈的时候，告诉他别去计较，没什么大不了，他们是做不到的。在我们眼里的"小事"，在孩子眼里可就是天大的事情。因此，孩子的每一份情绪都需要父母耐心细致地去感受和理解，要去了解他生气的原因是什么，然后帮助他去解决问题。孩子很多时候需要的是具体的指导，而不是一个空洞的评论。对于孩子，如果告诉他不要计较，那还应该告诉他为什么不要计较，要帮助他去解读别人的行为，让他们从道理上能够接受，而不是简单粗暴地遏制他们的感受。

♡ 孩子被欺负了，家长是护犊子还是置之不理

一群孩子在一起玩耍，闹矛盾是很常见的事情。小的矛盾让他们情绪不佳，大的矛盾甚至会大打出手。面对闹矛盾的孩子，家长应该怎么办？是让他自己解决，还是替他出头，鼓励他用同样的方式还击？

家长眼中的"小事儿"，孩子眼中的"大事儿"。到底如何把握这个度？每个人对于"我很在乎"以及"我在乎"的事情都是有标准的，孩子也不例外。老师送给他的小红花被小朋友弄坏了，他很生气，于是妈妈说："不就是小红花嘛，我随便做一个给你不就完了吗？比老师的还好。"但是这两朵

花对于他的寓意是不一样的。孩子的每一份情绪都需要父母耐心细致地去感受和理解，要去了解他生气的原因是什么，然后帮助他去解决问题。

许多孩子和小朋友闹矛盾了之后找父母"告状"，其实是希望家长能够主持公道，替自己做主，得到一些肢体上的保护。闹矛盾之后，他很可能会有难受、害怕等一些不舒服的情绪，他被这种情绪包裹着，于是就需要宣泄，从而恢复平静，获得一种安全感。也有一部分比较理性的孩子，他会有一种认知，除了向家长倾诉自己的委屈之外，他心理上也在寻找一种解决问题的方法。他可能就会问，下次遇到这种情况我该怎么办。

家长更不要主观给孩子贴"矛盾"的标签。孩子的欲望和行为之间基本上是直线的，他想到了，就要去做，不像成人会采取一些迂回的策略，或者视情况而定。他们的很多行为其实都是基于自己本能的表达。比如二宝看到大宝手里拿了一辆小汽车，他喜欢那个小汽车，于是就去拿，但是在去拿小汽车的过程中，由于自己支配身体的能力还未发育成熟等原因，不小心推了大宝一下，谁都没有哭。但旁边看的家长着急了："哎呀，别推啊，别打架啦！……"成人眼里面好像是矛盾，但是在孩子眼里，这可能是他们独特的沟通方式：二宝向大宝表达自己喜欢这个玩具。

孩子的世界里有自己的规则，家长在解读他们的行为时，不能按照成人的标准去判断，而是应该看到行为背后的原因。对于孩子们之间的"矛盾"，在引导他们如何去处理矛盾的技术和策略上应该非常重视，但在教子的心态上应该轻视，不要看重所谓的"矛盾"。

♡ 孩子闹矛盾，家长怎么办

1. **冲突剧烈，家长要干预**。如果发生很强烈的责任冲突时，家长应该立刻介入。首先要把两个孩子分开，然后要分别对两边的孩子有语言上的解释。告诉他们为什么不能这样做，在此基础之上让孩子知道应该怎么去做，然后帮助他们把这个矛盾调整好。孩子有一种模仿或者重复的能力，下次他遇到这种情况，知道怎么样去做，就不会再出同样的问题。比如告诉孩子这样做很危险，伤害自己和别人。你们要商量一下，也可以让大人协调。

2. **矛盾不大，正确关注**。一是让孩子感受到被理解和被支持。首先可以拥抱孩子和他产生共情，让孩子明白，他现在的感受是被理解和被支持的。然后拍着他的后背，同时语言上说一些安抚的话。也可以将他的经历代述一遍，比如：是不是玩具被抢啦？二是分情况进行必要的引导。当孩子已经抽噎着，情绪逐渐平复，依偎在你的怀里时，如果孩子愿意，你就让他把刚才的情境简单地描述一下。你可以借这个机会跟他讲一讲下次遇到这种问题应该如何处理。比如孩子是因为玩具而闹不愉快，那么你就应该告诉他，玩具要分享，可以轮流玩。你要教他如何去和其他小朋友商量协调，或者可以去找其他更好玩的玩具玩。也就是说，成人应该结合当时具体的情景给孩子以指导，让他有选择的机会。当下次再遇到同样的问题时，孩子就会选择一个他认为比较舒服的方式继续游戏。有一些孩子，情绪平复之后就不愿意跟大人待在一起，立马又投入到新一轮的游戏当中去，这时就不需要再去引导他了。三是具体指导比评判对错更重要。一般情况下，小孩子间的冲突很难界定谁对谁错，除非是特别明显的对错行为，比如向别人扬沙子，或者是吐唾沫……对于一些分不清对错的事情，更重要的是对孩子进行具体的指导。

如何帮助孩子建立良好的人际关系

生理方面。因为孩子很多时候是靠肢体活动进行沟通和交流的。如果你的孩子特别弱，跟别人拉着手，别人手一甩，就把他给带倒了，他就没法融入环境。所以要发育得好，才能跟别人玩到一块儿去。

心理方面。家长帮助孩子培养起一定的情绪理解和调试能力。看见其他孩子伤心了，要懂得安慰，不要再去打扰。如果自己受欺负了，要懂得调整自己的状态，不能让负性情绪去控制自己。

外部环境。社交不是平地而起的，它也是一些自身体验的慢慢累积，因此要多给孩子提供同伴交流的机会跟环境。要让他多跟小朋友接触，慢慢地学会去关注别人，激发出对社会交往有促进作用的兴趣跟欲望，这也是他逐渐建立社交的一个基础。很多人际关系的建立，除了自身的修炼，也需要后天的磨炼。

孩子可以和"野"孩子交朋友吗

中班男孩阳阳是"出了名"的调皮，上课时突然嚷嚷；把餐车当成滑板车；对着午睡的小朋友大声唱歌，偷偷把同伴的被子和拖鞋扔出窗外，边扔边说"一袋面粉，两个鸡蛋，正好做一个煎饼果子！"。最近，丫丫妈妈反映："丫丫最近回家老是说阳阳又怎么搞破坏了，还说某某小朋友也学着阳阳一起捣乱。我真怕丫丫也跟着学坏。"有类似想法的家长并不少，一方面担心自己孩子的人身安全，另一方面担心孩子的发展会受到影响。

在幼儿园集体接受教育的环境中，孩子难免会遇到各种类型的伙伴，有特别乖巧优秀的，也有调皮捣蛋、野蛮成性的"野"孩子。相对来说，很多家长都不希望也不喜欢自家孩子身边出现这样特别调皮的"问题"孩子。家长的这种担心也并无道理，因为小孩子很容易受到同伴的影响，喜欢跟随和模仿同伴做一些事情。

对于中班儿童，他们刚刚学着建立起自己的朋友圈，他们会非常在乎朋友之间的相处，他们对朋友的概念往往是"一起做同样的事情"。因此，在幼儿园里"榜样"的概念也经常是个双刃剑，一方面，老师会特别树立一些好的范例，鼓励小朋友们模仿学习，逐渐规范自己的行为，养成良好的习惯；另一方面，班里也会自发悄然出现一些"榜样"范例，比如上述案例中提到的阳阳，他的行为也非常具有影响力，经常会"带动"其他小朋友出现类似的行为。殊不知，无论正向还是反向的例子，都会对孩子的发展有一定的促进作用，即使是反向范例，只要控制在中度以下的程度（比如自己孩子时常提起讨论，甚至偶尔模仿比较都属于中度以下程度），也一样能起到正向作用。

因此，如果我们的孩子身边有这样的"调皮"孩子，我们真的不用过于担心，更不要过于干预孩子的同伴交往，更不要强制地限制孩子的交往人群，这样往往会适得其反，很容易引发孩子的逆反心理，不仅排除不了不良影响，还极有可能加剧孩子的"不良"行为。遇到案例中类似情况时，身为家长我们首先需要沉住气，明确以下几方面内容，然后才能有效地为孩子提供适宜的家庭教育支持和引导。

1. 环境固然重要但终究是外因。毋庸置疑，幼儿园阶段的教育，是非常强调环境作用的，包括物理环境和人文环境。很多家长选择"好"的幼儿园，也往往是为了给孩子选择一个更优质的同伴环境。我国自古就有孟母三迁的故事，也有"近朱者赤，近墨者黑"的名句，这些都充分说明了环境的重要性。家长也往往基于上述考虑，十分在乎自己孩子的班级同伴环境。

此时我们必须提出的是，环境固然重要，但其始终是外因，环境的作用再大，但仍然不是 决定性作用，这是很多家长都非常明白的道理，否则也不会有"出淤泥而不染，濯清涟而不妖"的诗句。可能有人会说，成人可以做到抵制影响，小孩子可以做到吗？事实上，人的自控能力和行为准则都不是一蹴而就的，都需要在社会生活实践中逐步历练和形成。虽然无法和成人相比，但孩子绝不是没有分辨能力，任由他人影响的易感动物。

很多家长在看到别的孩子有不好的表现的时候，就会很担心自己的孩子会受影响，当自己"果然"在自己孩子身上发现一些不好的现象时，便会异常焦虑，担心的不得了。家长的心情和顾虑可以理解，但却很不明智。和小班儿童不同，中班孩子已经有了自己独立思维的能力，他们已经能够分清好与坏。虽然他们有时跟着表现不好，但他们心理非常清楚，那样做是不好的。与之矛盾的是，由于强大的好奇心和较弱的自控力，他们又会做一些违背社会和内心标准的事情来，感受一下那种破坏和违背带来的快乐感觉，尤其是脱离了父母和老师的管控时，他们更容易有种挣脱束缚、挑战权威的心思，但与此同时他们会体验到内心的"负罪和内疚感"。如果我们父母耐心跟孩子沟通，大家就会发现他们确实是因为无法控制自己的兴奋和好奇才跟风瞎闹的，并不是分不清是非。从一个班级来看，有"野"孩子存在，也只是会有小部分孩子跟着闹，大部分孩子会"免疫"。如果我们的孩子不幸跟着闹，只能提示我们家长，我们的孩子内心也会有"闹"的需求，只是没有那么强烈地表现出来，在"适宜"的环境里，他们"闹"的潜质就会被激发，很容易受到环境的影响。说明我们的孩子内心的行为准则还没有建设牢固，还需要父母加强管控和监督。如果我们进一步追踪孩子的行为就会发现，在老师和家长的提示引导下，孩子的模仿往往只是暂时或偶尔的，不会形成永久性的行为模式。

从这个意义上说，如果我们没有认识到孩子的这些年龄特点，我们终生都将无法对孩子放手。而事实是，我们不可能为孩子选择所有的社会环境，让孩子生活在真空里完全远离不良诱惑。因此我们需要做的是在这样的环境中，看到自己的孩子的特点或是弱性所在，帮助他们逐步建立坚固的行为模式，抵御当前以及未来可能出现的不良影响，这样才能从根本上为孩子提供终生受益的家庭教育支持。用我们伟大领袖的战略思想，我们家长对待这样的问题上，一定要"战略上藐视，战术上重视"。

2. 丰富的环境更加有助于孩子的成长。世界上的花朵有红的、白的、黄的等各种颜色，我们也会尽量保护自然界里物种的多样性，其中的道理不用多说。但是在社会生活中，我们往往很难接受过多的多样性，我们希望自己的孩子跟我们眼中的"好"孩子交朋友，因为我们坚信"物以类聚，人以群分"。这种埋藏在我们内心的信念，常常让我们在为人父母时显得非常地计较和世俗，甚至表现出不当的排斥。比如有的家长会请求调班，要求老师让"野"孩子离自己的孩子远一些，更有家长多次告诫自己的孩子不要和"野"孩子交朋友，尽量不要一起玩。听到这样的话语时，我们的孩子会更多体验到父母的"尖刻"，他们中有些孩子会顺从父母，对朋友形成挑三拣四的原则；也有一些孩子会充满迷茫，不解父母的用心，偷偷和"野"孩子来往。这些不好的影响都会在孩子上了大班或是小学时得以体现，严重影响他们的日后的同伴关系。

如果我们希望自己的孩子将来有开阔的眼界，我们家长首先得有这种宽厚的意识，才能正确地引导和教育孩子。2010 年一项对 72 名 3~5 岁学龄前儿童的研究结果表明，那些经常允许和邀请身有残疾的同伴参与游戏的孩子，具有更好的包容性，更能体谅和理解别人的心理状态（心理理论 theory of mind 能力更强），具有更强的组织能力和领导能力。这样的研究结果向我们提出如下教育启示：与不同发展水平和特质的同伴交往，不仅不会妨碍而且会促进个体的发展。相比于其他年龄段，中班儿童正是处于"磨练"阶段，认清自己，掌握社会行为规则、习得交友技能的敏感阶段，从这一点说，同伴环境越丰富，越有助于孩子形成清晰一致的行为标准，增强自我控制能力，抵御不良影响，明辨是非。

3. 如何引导孩子近墨不黑。我们都清楚地知道，我们只能在有限的范围内改善调整选择环境，对环境产生作用，而更多时候我们是适应环境，包括我们的孩子。当我们的孩子身处"不良环境"时，我们不能把教育仅仅停留在过度焦虑和抱怨方面，我们应该积极地把这当作一个时机，历练我们的孩子，检验孩子的"意志力"，鼓励孩子搭建自己的行为准则。

中班小朋友的特点是喜欢和小朋友一起游戏，有经常一起玩的小伙伴，而且他们喜欢和长辈交谈，有事愿意告诉长辈，活动时愿意接受同伴的建议。

幼儿园里，孩子们的生活是以游戏为主，中班时他们常常进行较为复杂的建构性游戏，通过这种游戏，孩子们获得解决有关问题的经验，还学会与他人合作。结合中班儿童的年龄发展特点，我们家长可以从以下几方面入手尝试：

首先，引导孩子分辨是非。中班的孩子肢体、语言和思维都是最为活跃的，他们反应速度快，最容易接受新事物。这时，我们不要拐弯抹角地说别的小朋友如何不好，可以直截了当地客观评价"调皮"孩子的"坏"行为，家长一定要记住，只是针对这种行为，而不是全盘否定那个孩子的一切，否则我们的孩子在心理上可能难以接受。为了弥补这一点，家长可以同时发掘"野"孩子的一些优点，让自家孩子对别人有更为全面的认识。

其次，帮助孩子建立自己的行事准则。如果我们的孩子出现模仿"坏"行为的现象，告诉孩子那样做为什么不好，向孩子解释遵守行为规则的原因非常重要，切忌不能简单等同于"好孩子"或是"坏孩子"的概念。父母需要明确告诉孩子应该做什么，不应该做什么，教会孩子懂得说"不"，不盲目跟风随波逐流。

最后，可以鼓励孩子发挥自己的影响力。尽管"野"孩子显得闹腾，影响不好，但他们并不一定会被拒绝，有时在班里还很受个别伙伴的欢迎呢。如果自家孩子和"调皮"孩子特别能玩到一起，那么家长可以鼓励孩子用自己的言行影响小伙伴，以正压邪，这样不仅能规范他人的行为，在很大程度上会进一步规范我们自己孩子的言行。因为他们一旦能够用某种观念监督他人时，往往说明他们自己已经能够完全认可，并会坚定不移严格遵守。这也能为自家孩子提供一次实战机会，抵御不良影响，坚持自我，提高自信。

4. **教子如修行**。如果想让孩子厚德、包容，家长要注意身教，而不仅仅停留在语言上。尤其是对于本文案例中的中班儿童，他们和小班、大班儿童存在一定的差异。小班时候，他们更多是各玩各的，真正意义上的同伴交往很少。到了中班，儿童对同伴交往更加渴求，更需要进行真正的同伴互动，但和同伴互动的过程中，他们在分辨是非、解决冲突和自控能力又往往比大班儿童差很多，因此常常有人说中班是"最闹腾最操心"的年龄班。

最有效的教养是权威型父母（authoritative parents），这种父母通常制定清晰一致的规则限制，尝试与孩子讲道理，解释为什么应该按照某种特定的方式行事。比如鼓励孩子大胆告诉老师或是直接告诉伙伴，那样做不对，应该改正。事实上，中班孩子也不会简单地、不假思索地模仿他们看到的行为。相对于小班儿童的模仿，较大年龄段的中班孩子开始发展出构成他们所观察行为基础的概括化原则。在生活实践中，他们通过观察符合期望的行为得到奖赏后，开始学习和推理自己的行为的普遍规则。

如果我们深入了解就会发现，案例中的阳阳虽然有一些显著的缺点，但是他的优点也很多，比如他很懂礼貌，每次见到人都会问好；而且他很关心小朋友，哪个小朋友哭了他都会过去安慰；他会写很多字，会很多历史歌曲，有时候还能自己编儿歌。在关注到个别孩子的不良影响时，如果我们家长能够引导着孩子从多角度观察同伴，而不仅仅局限在某一两件事情上，更能促进我们孩子的良性发展。

中班儿童的调皮捣蛋和攻击行为是普遍存在的，此时需要家长在生活中多为孩子提供观察他人做出合作、帮助、亲社会行为的机会。当孩子出现不好行为时，只要是中等程度以下，能让孩子醒悟的就让孩子醒悟，帮助孩子理解和解决自身存在的不足，使孩子的行为由他人的外部控制转化为自身内在的行为道德约束。

♡ 神奇又疯狂的 4 岁

有位妈妈跟我说，最近觉得儿子很奇怪，不知道是什么原因造成的。孩子春节过后还差 2 个月 4 周岁，上学期上小班，因为大多数孩子年龄都 2 岁半左右，所以开学后转到中班。上学期期末妈妈跟孩子说过几次，告诉他因为他年龄大，所以要到一样大的小朋友的班上。妈妈带他到新班参观，孩子说教室很漂亮，当时也没有什么不高兴的表现。

现在转中班一个多星期，孩子还没结识固定的新朋友，在班上表现得比较文静。在家里和小朋友玩得很疯，不像以前那样爱说班上的事。但最近很奇怪，觉得拿他没辙。比如上幼儿园晚了，妈妈说要迟到啦，儿子说迟到没关系。在幼儿园吃饭慢要老师喂，妈妈说吃饭快的小朋友很棒，还可以帮老师做事，孩子说他的能量不够，所以吃饭总是很慢，帮老师做事的小朋友才不棒呢……

现在有时候会突然给妈妈讲小班的事情。这两天早上非要妈妈煮鸡蛋给他吃。妈妈问为什么，他说他以前小班的小朋友就带鸡蛋到幼儿园吃。

这孩子到底怎么了？是转班造成的吗？该怎么教育呢？

环境发生了一些改变，孩子在适应中可能会出现一些小问题，但只要我们了解了孩子的心理发展特点，就会很容易应对这些问题，掌握好教养的尺度和技巧。

1. 4 岁孩子的适应能力。首先，母亲很细腻地考虑到孩子适应的问题。在换班之前的一段时间里，几次跟孩子提起换班的事情，还带着孩子去实地参观将要进入的班级，为孩子做足了换班的心理准备。

从学前教育的培养目标来看，儿童要在幼儿园生活中获得一定的适应能力。3 岁儿童入园一年间，要在帮助下能够较快地适应集体生活；中班 4～5 岁儿童，能够较快地适应人际环境中发生的变化，比如换了新老师能够较快适应；大班 5～6 岁儿童，能够较快地融入新的人际关系环境，如换了新的幼儿园或班级能较快适应。

而孩子尚未满 4 周岁，基本属于中班前期阶段。此时孩子出现一些小小的不适应，或是有些超出我们的想象，是很正常的。毕竟，孩子的适应能力不会像任何电视剧脚本那样按部就班地发展下去，会有很多突发状况发生。但要相信一点，孩子的适应能力有很大的弹性，他们的心智发展使得他们将有足够的能力应对身边的一切。

提高孩子适应新环境最有效的方法，就是让孩子认识自己生活的连续性。即不要因为孩子进入新环境，就迫不及待地希望孩子完全忘记以前的环境，而全身心地投入到新的班级中。很多时候孩子对以前生活的念叨和重复，是在对过去生活的回顾，而回忆本身已经说明孩子在进行忘记，新的生活正在促使他形成新的记忆。回忆过往有助于孩子应用以往的适应经验来应对新的环境。

2. "神奇疯狂"的 4 岁。4 岁的孩子，相对于相邻的 3 岁和 5 岁来说，思维发展速度要更快一些，所以被有的心理学家称为"疯狂的 4 岁"或是"神奇的 4 岁"。神奇是指他们此时的发展突飞猛进，前所未有。4 岁的孩子正在发展着"心理理论"，他们能够理解别人的心理状态，并且依据这种理解对别人的行为加以推测，进而调整自己的行为，但年龄尚小或是没有获得这种能力之前，孩子就很难表现出适宜的社交行为。比如孩子收到自己不想要的礼物时，不会体谅对方的感受，很多时候会撅着嘴来拒绝玩具，表达自己的不满意，更难于表达谢意。

疯狂是指他们的想法像火山一样喷发，不可抵挡，想法来得快也去得快，而且数量多到惊人，想法"怪异"和"不寻常"也超乎想象，令很多成人费解。他们还会生出很多自己的逻辑和解释，自圆其说。因此，在与 4 岁的孩子进行交流时，成人会更多感到突如其来和应接不暇。

通常，这个年龄段的孩子表现出更多自己的逻辑和想法，但又不像 5 岁时能够接受和遵守一些道德和规则，所以表现出主动性很强，想法多，层出不穷，有时他们甚至没有精力和能力接受他人的想法，因为他们自己的大脑太活跃了，无暇顾及他人，只会沉浸和满足于自己的幻想当中，但又非常缺乏自我控制能力。

3. 关注亲子沟通的双向性。从家长的角度来看，有时会觉得孩子有些小逆反，经常不按照我们劝导他们的思路进行思考。如你说晚了会迟到，他会说迟到没有关系。于是家长觉得很挫败，因为自己的话语完全失效，但从孩子的角度来说，也没有任何不对，是否迟到对家长来说很重要，但对孩子来说，他们未必在乎，他们只是说出了自己的内心想法而已。

亲子沟通中最为关键的一点，就是沟通的双向性。双向的沟通才有效。无论是家长还是孩子任何一方发起讨论，彼此都要认真倾听对方所要表达的意思。

在与孩子沟通中，父母要鼓励孩子表达自己的想法，分享他们的情绪。父母最好的做法不是滔滔不绝地对着孩子说，试图让孩子接纳和认可自己的想法，而是认真倾听孩子的想法，了解他们尚不能完全表达出来的意思，沿着他们的思路想问题，进入他们的内心世界。父母过度关注自己的诉说，忽视孩子的表达，或者当孩子对自己的话题和逻辑没有兴趣时依然希望孩子洗耳恭听，只会让孩子觉得家长啰嗦，沟通很乏味，长此以往终将导致亲子关系的不和谐。

4. 调整教养的焦虑心态。大多数父母是第一次教养孩子，不免有些紧张和焦虑。孩子稍有一些超乎自己意料的情况出现，便会担心，唯恐自己哪些教养行为不恰当，延误或是影响了孩子的发展。为人父母的这种爱子之心可以理解，但确实不要因为孩子的到来，成了自己额外的重担。孩子确实会给我们带来一些烦恼和挑战，有时父母甚至会质疑：为什么要有孩子呢？其实，教养孩子，是我们父母自己再次成长的好机会。

有了孩子，我们会再次投入好玩的游戏中；我们会发现原来自己的想法和做法不是唯一正确的；我们会变得更加宽容和有耐心；我们更善于应对层出不穷的突发状况，我们会变得更加从容和镇定；我们会变得更加有智慧，因为我们要时刻跟孩子互动交流、"斗智斗勇"。因此，父母要调整好自己的心态，面对未知，要持坦然的态度，不要总是担心自己做不好，因为过度焦虑不仅不利于我们给孩子提供高品质的教养，久而久之，还会影响到我们自身，乃至整个家庭的相处氛围，使整个家庭因为孩子的教养问题陷入恶性循环。

世界上根本没有最完美的教养，只有最适合最默契的教养。不同父母给予孩子的教养和引导，是不能复制和重复的。没有完全相同的孩子，也不可能有一模一样的教养之路。教养从根本上说，是与孩子的相处，相处是一种艺术，而且是一场需要一辈子享受和体验的艺术盛宴。

第 15 章
分离焦虑——意味着新的成长

> **养育要点：** 每当生活有新的改变，进入新的环境，认识新的人，又如新学期开始，有些孩子的分离焦虑会让人头痛不已。有的孩子哭闹、寻找各种理由，甚至是编造一些小谎言来拒绝分离。孩子这些行为表现，大部分都是他们内在分离焦虑的外显表达。如果您知道分离是一种必要的丧失，可能就不会再为此而苦恼。

♡ 焦虑不是分离的必然唯一产物

人的一生当中，都会经历分离。虽然大多数孩子依恋的对象是妈妈，由分离引发的焦虑也主要指向妈妈，但是孩子的亲密照顾者绝不是仅限于妈妈。孩子身边的照顾者，如爸爸、爷爷、奶奶、姥姥、姥爷、姑姑、哥哥、姐姐、保姆、阿姨，都有可能成为孩子的依恋对象，只要有了强烈的依恋，孩子跟这些人分开时就会产生痛苦的焦虑。

所以，当孩子跟妈妈分开没有表现出传说的"分离焦虑"时，妈妈也不用失落，更不用担心自己的孩子是不是发展不正常，因为孩子的依恋对象极有可能不是你这个妈妈，而是其他的亲密个体。妈妈们更不用担心孩子长大以后会跟自己不亲，不要被自己假想出来的"逻辑"和"未来生活"弄得焦虑不安。事实上，很多从小被祖辈照顾长大的孩子，越是长大就越是跟自己的父母亲密，反而跟祖辈逐渐疏离，只能说，亲密血缘这件事情实在太神奇。

尽管，有些孩子确实不会像其他小朋友一样，在某些特定的分离点上表现出哭闹，但他们的社会情感发展依然很正常。这种小朋友通常精力非常充沛，喜欢充实丰富的生活，你可以理解为：他们没有时间焦虑，因为他们总会被新奇的事物所吸引，他们把更多的精力投入到探索世界这件事情上，而不是消耗在担心跟妈妈的分离，或是害怕未知的生活上。即使他们也出现哭闹，但未必是在经历分离焦虑。

我曾经遇到过这样一位小朋友，2岁半进入幼儿园托班。刚入园时，班里20来名小朋友都在哇哇地哭着找妈妈时，他没有任何反应，一个人到处去玩班里的玩具，还会帮着老师去安慰正在哭闹的小朋友。但在2年之后，这位小朋友上了中班，开始频繁地出现哭闹，不愿意来幼儿园，也不愿意进班。妈妈很是纳闷，"难道我的孩子开始有分离焦虑了吗？他的情感反应如此迟钝吗？"经过进一步了解发现，孩子并不是在经历分离焦虑，只是当时他的精力过于充沛，班上的游戏活动不足以满足他的发展需要，换言之，他觉得上幼儿园很无聊没有意思，才会奋力拒绝，这就是传说中的另一类"特殊需要儿童"，即"智力超常的资优儿童"。确认孩子的哭闹原因后，老师们在班里成倍地丰富了孩子的游戏内容，并且加深了孩子探索的领域，随后不久孩子的"分离焦虑"自行消除。

像这样的小朋友毕竟是少数，大多数孩子还是会不可避免地经历分离焦虑。对孩子来说，跟妈妈分离，无疑是一种丧失，因为再也不能整天待在妈妈的身边，为此孩子感到痛苦不安，但是这种丧失又是必须的，就像我们不能永远待在妈妈的肚子里一样，为了更好地发育和成长，我们必须从母体中脱离出来，自己呼吸，成为独立的个体。

当孩子参加早教班或是上幼儿园后，需要独立走入集体生活，这时孩子一旦出现分离焦虑，就会令家长们寝食难安。即便知道孩子在幼儿园情况很好，家长也无法抑制内心的担忧。或许很多家长并没有意识到，此时自己和孩子一样，也正在经历分离焦虑。因为孩子有分离焦虑时，会同时引发父母的焦虑情绪，让父母心疼烦躁。分离涉及母子双方，双方都会有焦虑，只是孩子的表现方式是比较外显的哭闹，而家长则是内心的煎熬。

为了缓解自己和孩子的分离焦虑，很多家长自然而然想要寻到一些降低、消除或是缓解分离焦虑的办法，但是面对分离这种必要的丧失，我们不得不认识到，这是一条必经之路，逃避不了，我们唯一能做的就是尽可能减轻痛苦的程度，缩短痛苦的时间。但如果小小的哭闹能够让孩子感觉更好受一些，我们就不能剥夺孩子哭闹发泄的权利，只要抱着他们陪伴安抚即可。

我们对一件事物的认知和反应方式，会直接影响我们的下一步行为。所以，首先我们要换一种角度来看待分离焦虑。提到焦虑，大家的第一反应可能就是，焦虑是一种不舒服的感觉，没有人想要焦虑。但焦虑并不完全是我们的"敌人"，很多时候还是我们的"助手"。比如，在心理学中很有名的倒U形曲线，讲的就是当一个人正在做一件事情时，丝毫不焦虑和过度焦虑，都很难取得好成绩，而只有焦虑程度处于中等适度水平的时候，才更有可能获得最佳的结果。这和我们常说的"战略上藐视，战术上重视"是一样的道理。可以说，没有焦虑，就不会有最好的重视。

回到分离焦虑这件事情上来，一点儿都不焦虑的孩子，可能也会让我们不放心，过于焦虑的孩子更是让父母担心不已。似乎只有必然产生一些焦虑，但是经历一段安抚适应时间以后，孩子跟其他小朋友一样逐渐消除焦虑，我们父母才能心安。因为，我们喜欢有规律的事情，易于掌握，可以预期。我们害怕孩子不按常理出牌，一旦孩子不符合常规模式的发展规律，我们就会焦虑不安。但奇怪的是，当孩子智力超常的时候，我们往往会开心不已，甚至希望孩子越与众不同越好。

但是我不得不提醒有些父母，在孩子分离焦虑这件事情上，父母尽心就好，因为有些焦虑我们就是三头六臂也阻止不了孩子拥有焦虑，只要在孩子表现出焦虑时，我们能够正确看待，并且能够不厌其烦地陪伴和安抚就足矣。每个孩子都有自己的发展点，即使我们是生养孩子的父母，也没有能力跨越或是改动这些点位，我们只能在一定程度上改变点位的区间范围，或是阈限的高低。

咱们再来回顾一下分离焦虑，发展心理学界定分离焦虑为：当熟悉的照料者离开时，孩子所表现出来的紧张情绪。这种不安的情绪出现在孩子 4~6 个月时，称作分离焦虑。分离焦虑意味孩子舍不得离开我们，跟我们有着很深的感情，也意味着孩子对即将进入的新环境心存恐惧和不安。

在《必要的丧失》一书中，作者是这样诠释分离焦虑的：在生命的最初阶段，尤其是 6 岁以前，如果我们太长时间离开我们需要并渴望的母亲，我们就会在情感上受到伤害，那种痛就像我们被淋上油而后投入火中那样。这种伤害虽然不致命，但很有可能是永久的。

美国著名心理学家埃里克森提出的人格 8 阶段理论也指出，在 3~6 岁期间，孩子的人格发展处于主动对内疚阶段，他们面临着想要离开父母独立做事和失败时产生的内疚之间的冲突。对孩子独立性采取积极反应的父母，通过给予孩子独立的机会，给予具体的指导，能够支持和鼓励孩子的独立性，如果相反，父母总是阻止孩子的独立性，那么孩子就会在生活中持续有内疚感，进而影响到这一时期他们的自我概念。

由此看来，孩子想要发展出独立性，就需要离开父母，独自去到新的环境里去学习、生活和闯荡。这意味着，随着孩子的长大，他们和父母之间的分离是躲不过的，是无法回避和逾越的。从这个角度来看，产生和忍受分离焦虑是每个孩子成长路上的必经之路。如果离开母亲的怀抱是一种丧失，那么此时的分离就是一种必要的丧失。每一次丧失，都需要孩子和父母共同积极应对和克服，之后才能有孩子又一次崭新的成长。

每个人在幼年时期都会面临分离，但令人开心的是，这些分离不仅不会在他们心里留下任何创伤，还会在很多方面促进孩子的成长，让孩子从生理到心理都独立起来。因此，当孩子正在经历这种分离的痛苦时，我们家人绝不能做个旁观者置之不理，更不能简单粗暴地压制和制止，那样会让孩子出于免受分离的灼痛而选择跟我们感情疏离，因为没有了爱和依恋，分离的痛苦也将不存在；或是逼迫孩子过早形成独立意识，虽然我们鼓励孩子的独立性，但绝不能拔苗助长，否则容易让孩子一辈子都有丧失感，时常感到无助和脆弱。因此独立一定是在孩子充分感觉到被接纳、超有安全感的前提下的勇敢探索。

在应对分离的挫折时，孩子的内心其实都在渴望父母给予他们更多的关爱、安慰和承诺。在这样的情感互动里，他们能够获得惊人的力量独自去应对分离焦虑。即使孩子不能和我们分分秒秒厮守在一起，我们仍然能够和孩子建立互爱互信的亲密关系，这种亲子之爱正是化解这些焦虑的良药。

因为每个孩子的个性不同，小办法自然也是千差万别，但原则都是让孩子感觉到父母浓浓的爱。比如，有的妈妈跟孩子约定好，彼此在对方的手背上亲吻一下，扣上有魔力的爱的烙印。在分离时，妈妈指一下手背，孩子就会明白，在幼儿园想妈妈时，就可以亲亲自己的小手背，妈妈就能收到爱的信息。也有的孩子把妈妈的爱装入口袋里，想妈妈里就把手插进口袋里，摸一摸。还有的孩子会带上自己依恋的毛绒玩具或是小手绢，闻一闻，在鼻子那里蹭一蹭，缓解自己的焦虑不安。

帮助孩子应对焦虑最好的办法就是转移注意力，让他们不再关注跟家人的分离，而是产生新的兴趣点和兴奋点，比如给孩子布置一些小任务，把自己养的一盆小花带到班里，和老师小朋友们一起养护和观察。如果我们引导孩子更多地去关注他们即将得到的，而不是已经失去的，那么他们的焦虑便会容易消除。《必要的丧失》一书中就曾指出，只要提出分离的人是孩子，而不是母亲，只要母亲还可靠地在"那里"，孩子就可能会冒险独立，甚至还会沉迷于独立。这就是分离带给孩子的成长。

由此可见，分离之后，未必所有的孩子都会经历分离焦虑，焦虑不是分离的必然产物。不仅如此，我们还会发现，焦虑也不是分离带来的唯一产物。

♡ 如何正确应对孩子的分离焦虑

面对分离焦虑，我们该如何帮助孩子应对呢？无论孩子哭闹、编造小谎言还是痛苦的哭诉，他们内心其实都在渴望父母给予他们更多的关爱、安慰和承诺。在这样的互动里，他们能够获得惊人的力量独自去应对分离焦虑。以往我们针对孩子的一些成功应对方法，仍然可以重复使用。

下面我以假期后重返幼儿园为例，向大家说明要如何帮助孩子应对焦虑。

首先，从一放假就要让孩子有心理准备，那就是放假是有期限的，假期结束后就要重返幼儿园。家长们可以在小日历上用不同颜色的记号笔标注出新学期的时间，让孩子有个感性的认识，自主地做好心理准备。

其次呢，就是孩子的作息准备。假期结束，很多孩子会因为作息时间没有调整好导致新学期的不适应。很多孩子在家放假，常常晚睡晚起，不睡午觉，这无疑为孩子在幼儿园生活的转换带来困难。所以，至少提前三天，让孩子按照以往上幼儿园的节奏进行睡觉和起床。快到睡觉时间了，家长提前提醒，然后讲些睡前故事，聊一聊今天发生的有趣的故事，都能帮助孩子更好地恢复作息。早上起床时，不要训斥和吓唬，最好能多留出一些时间让孩子磨蹭和磨叽，给孩子挠挠后背，让他们在爱抚中苏醒。带有起床气的孩子，入园时一定哭闹得更厉害，家长要做好心理准备。

第三点是任务准备。帮助孩子应对焦虑最好的办法就是转移注意力，让他们不再关注跟家人的分离，而是产生新的兴趣点和兴奋点，给孩子布置一些小任务，比如带些假期游玩的照片讲给老师和小朋友听，带新玩具去分享，带自己养的一盆小花送给班里……这些小任务都能较好地帮助孩子缓解焦虑。

最后呢，则是分离时刻的交接准备。咱们家长一定要克制住自己的焦虑情绪，微笑着跟孩子说再见，相信孩子，祝福孩子，鼓励孩子投入老师的怀抱，冲进小伙伴当中去，比如说，跟妈妈再见吧！老师和小朋友还等着看你的新玩具呢！当孩子有更有趣的事情要做，就很容易忘记眼前的焦虑。《必要的丧失》一书中就曾指出，只要提出分离的人是孩子，而不是母亲，只要母亲还可靠地在"那里"，孩子就可能会冒险独立，甚至还会沉迷于独立。

总之应对分离焦虑的一个通用逻辑就是让孩子有心理预期，然后尽可能用正在进行的活动去吸引他，转移注意力，最后表达彼此的想念，巩固情感增强安全感。

第 16 章
社会公德——很有必要教给孩子巧妙应对

> **养育要点**：排队加塞这一社会顽疾还在一定的范围内存在，有时确实会充斥孩子的内心。我们能做的，就是让孩子坚定自己的立场，宁可吃些亏，也绝不跟风不好的行为。因为，我始终相信，类似公德的事情需要时间来建立，从每个人做起，顽疾终会一点一点消失。

♡ 教给孩子正确应对公德问题

私下里，我们常教育孩子在公共场所要讲礼貌、守规则、顾及别人的感受。可是，很多时候现实却让孩子很困惑，为什么有的人跟爸妈讲的不一样？遇到这种冲突的状况，做父母的还真是急不得，不能奢求一次性解决问题，要懂得慢慢来。

下面我分享一些自己的亲身经历：

四岁的女儿自己排队买冰激凌，我在远处看着。由于排队的人较多，显得有些乱，终于排到女儿了，这时后面的阿姨硬是凭着自己身高的优势，把钱递到了工作人员手里，抢先买了。女儿眼巴巴地举着钱，不仅没买到，还不得已后退了一步。待她想要再买时，一位哥哥又抢到了前面，我注意到女儿的脸色已经有些难看，嘴里咕噜着什么，可是工作人员根本听不到，忙着照顾其他客人。

我一看情况不妙，赶紧走过去，鼓励女儿说："你得大声说，否则阿姨听不到！"突然间，恼怒的女儿气哭了，大声说："我说了！可是，那个大人，那个阿姨，还有那个哥哥，他们为什么不排队？我排在他们前面，我抢不过他们！"那个阿姨和哥哥还在旁边，什么也没说，默默地走了，后面有好心人劝慰女儿："小姑娘，快买吧，轮到你了！"我帮女儿买了冰激凌，带她离开现场，找个椅子坐下，陪着她吃。

还好，她吃着冰激凌情绪很快好转，但嘴里却还嘟囔着："为什么不排队？"我附和着说："是啊，他们怎么不排队呢？你会喜欢这样的人吗？""谁会喜欢啊，讨厌还来不及呢！在幼儿园里，谁要是不排队玩滑梯，大家就不喜欢跟他玩了！大家会一起说他，让他排队！"我顺着女儿的意思说下去："是啊，那些人虽然先吃到了冰激凌，但是却得到了大家的厌恶，多不好啊！不过还好，你看，还有好多人是在排队的！""他们不排队不对，我排队是对的。""那你会跟他们学，以后也不排队吗？""我才不呢！妈妈以前说过，如果是错的事情，就是好朋友去做，自己也不能跟着做。他们不排队就是不对，我就是晚些吃到冰激凌，也不跟他们学！""对啊，咱们就是要有自己的原则，不学不好的东西。""可是，要是真着急怎么办呢？那次我着急上厕所，咱们也插队了，是不是不好啊？""嗯，是不好啊！可是你实在憋不住了，咱们一起跟排在前面的几位阿姨打了招呼，她们都同意你先上，你才去的不是吗？""嗯。她们都让了我，照顾我这个小朋友！哈哈！"

排队加塞这一社会顽疾还在一定的范围内存在，有时确实会充斥孩子的内心。我能做的，就是让孩子坚定自己的立场，宁可吃些亏，也绝不跟风不好的行为。因为，我始终相信，类似公德的事情需要时间来建立，从每个人做起，顽疾终会一点一点消失。

除了管好自己，孩子还要有勇气敢于对不好的行为说"不"。一次，我和朋友带着孩子在餐馆吃饭。隔壁桌的两位男士在大口大口地吸烟，尽管服务人员提醒过，但是很快二人又吸起来，弄得周边的人感觉很不舒适。这时，我建议5岁多的女儿和6岁多的哥哥去跟邻桌的叔叔说不要再吸烟了。孩子们立马问我："啊？怎么说呀？他们能听我们的吗？"我能明显感觉到孩子们对这件事情不是很有把握，但又跃跃欲试，毕竟向陌生成年男性提建议，对他们来说还是有小小挑战性的。我知道孩子的语言没有问题，只是选择适宜的社会语言很关键。我给了他们手把手的建议："你们就说，叔叔您别吸烟了，我们都咳嗽了！"两个孩子笑嘻嘻的，开始嘀嘀咕咕推推搡搡地接近两位叔叔，女儿最终开了口，可能是由于个子小，声音小，两位叔叔都没关注到两个孩子。孩子们跑回来，抱怨说：叔叔还吸，不听我们的！我说："你们声音太小，叔叔没听见，先大声叫叔叔，再说话。"于是两个孩子返回，一起大声叫叔叔，当叔叔看他们时，他们才说出请求。只见一位叔叔有些尴尬，立刻灭了烟，说道："好，谢谢，叔叔不抽了。"虽然另一位没反应，可两个孩子还是兴奋地跑回来，高兴地说："叔叔说不抽了！"虽然是件很小的事情，但这样一波一波地鼓励对孩子很重要，再遇到类似的事情孩子也许就能有勇气说"不"了，而且掌握了一些小方法。

类似的情况，还有小孩子玩滑梯。很多妈妈抱怨，有时在公共场所里，如果自己的孩子规规矩矩地排队，可能就一直玩不到滑梯，因为时常有孩子抢到前面去玩，或者是从相反的方向爬上滑梯，家里的大人丝毫没有管教的意思。可是，身为父母，自己又实在不愿意违背自己的养育原则，不希望孩子从小就不遵守规矩。这个时候，要怎么办呢？作为成人你可以大声发表观点："所有的小朋友都要排好队，来咱们家长都帮忙维护一下秩序吧！"如果有必要，你需要直接走到不守规矩的小朋友面前，轻轻地扶着他的肩膀，提醒他排到队伍里面去。说话和行事的时候，你一定要注意保持积极开心的状态，不要让小朋友和其他大人感觉到你是在训斥孩子、抱怨大人。有时你的语气态度把控不好，容易跟陌生人产生冲突。如果你按照上面的做了，就能最大程度地坚持自己的养育准则，还能够为自己的孩子做个示范，如何在公共场所维护自己的利益不受侵犯。

在维护社会公德方面，我最不主张的就是"抱怨和愤怒"。如果你不采取任何积极手段，问题就不能解决，潜意识还是你不相信对方可以听劝。调整行为，抱怨本身表达的是不信任和厌恶。所以，再遇到公德问题，要友好地提示沟通，大多数情况对方都会停止不好的行为。毕竟每个人的成长环境不同，文明意识行为也有差异，我们一定要相互提醒，才能收获文明的生活环境。

第 17 章

奖惩原则——不要轻易为孩子支付劳务费

> **养育要点：** 在三岁以后，孩子会越来越能干，做得越多就会越自信，他们喜欢帮助别人，在帮助别人的过程中他们能够体验到莫大的快乐，成人及时的口头表扬和赞许的神情，能极大鼓励他们的利他行为，这是小孩子的心理发展需要。因此，有些奖励本身就是多余的，而金钱奖励往往更多是误导，贻害无穷。

♡ 我为什么不同意给孩子支付劳务费

女儿在幼儿园大班时，对我说，"我们班乐乐每次帮妈妈捶背，她妈妈就奖励她一块钱。我也帮您捶背，您也奖励我一块钱好吗？"看着女儿一脸的期待，我知道她渴望怎样的答复，但是我也清楚自己的想法：不赞成用金钱奖励孩子，尤其是对于这么小的孩子！可是，此时必须照顾孩子的感受。我知道她最喜欢妈妈的抱抱，于是，我先把她抱过来，然后慢慢地跟她说，"只给你一块钱，会不会太少了？"听到这里，女儿十分好奇，开始跟我一起讨论，从"给多少钱才合适？"到"她为什么要给我捶背？"最终的结论是：多少钱也不合适，因为帮妈妈捶背，是因为爱妈妈！而不是为了那一块钱！

跟这个事相似的还有，很多孩子帮助家里做家务，然后便会挣到多少钱。我的孩子也提出了这个方法，她要靠自己的努力挣钱，好像是要"滴自己的汗吃自己的饭"一样。而且，孩子提出，她自己挣到的钱自己完全可以支配，想买什么就买什么，想做什么就做什么。然后，这些都被我严肃无情地否定了。我得让孩子明白，这个规则是不是全家都要通用呢？妈妈和姥姥几乎承担了所有的家务，那全家人享用是不是需要付费呢？家并不是一个商品社会，作为家中的一份子都有责任和义务建设这个家。大家都喜欢生活在舒适整洁的环境里，所以每个人都有义务清洁或是做家务，这是权利和义务的对等。即使是自己挣到的钱，你也有必要跟家人商量使用去处，更何况你还是个小孩子，需要监护人的监管。

用金钱奖励孩子，对塑造孩子的一些良好行为确实有成效。但是，从长远的角度来说，却是弊大于利。首先，这种奖励方式，不仅让孩子明白"付出才能有回报"这样的道理，更会让孩子习得这样的信念，"只要付出，就要得到回报"，这样容易导致孩子在付出的时候，非常关注事后自己的所得，对于不求回报的无私付出，他们恐怕很难理解和接受。其次，金钱奖励容易让孩子"唯利是图"，久而久之，容易让孩子认为金钱是付出的唯一理由。大约在三岁以后，孩子会越来越能干，做得越多就会越自信，他们喜欢帮助别人，在帮助别人的过程中他们能够体验到莫大的快乐，成人及时的口头表扬和赞许的神情，能极大鼓励他们的利他行为，这是小孩子的心理发展需要。因此，有些奖励本身就是多余的，而金钱奖励往往更多是误导，贻害无穷。

如何保障孩子的健康成长，是我们作为父母需要重点关注的。我们有责任从小引导孩子正确的价值观和人生观。比如，为什么帮妈妈捶背？因为妈妈累了，妈妈需要我！捶完背，看到妈妈幸福轻松的表情，就是对我最大的奖励！诸如这样的小事数不胜数，如果我们给予孩子足够的信任和尊重，你会发现，孩子很多良好的行为根本就不需要任何额外的奖励，尤其是金钱。乔布斯曾说"过程本身就是奖励"，就是这个道理。

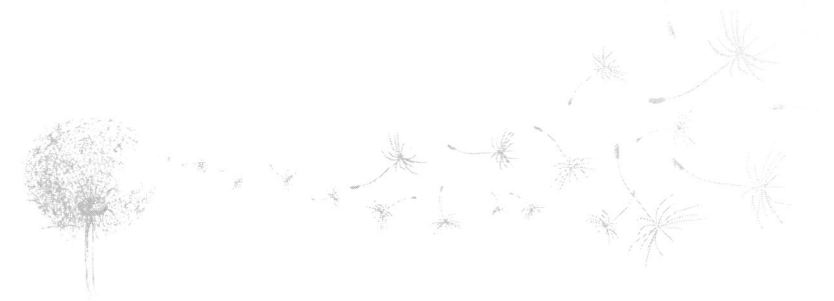

第 18 章
接纳死亡——时间是治愈思念的良药

> **养育要点：** 每到清明时分，就会有家长来探讨关于葬礼和死亡的话题。死亡是每个生命体不可回避的环节，接纳就好，人不在了，爱仍然可以延续，对亲人的想念是对逝者最好的尊重。

有位小朋友，刚满三岁上小班时，妈妈得了不治之症，英年早逝。爸爸在报社做编辑工作。爸爸来找我，是在班上老师的建议下来的，因为老师们说，小朋友以前很爱说话，最近不怎么喜欢说话，担心妈妈的离世对他有心理伤害，建议爸爸找我聊一聊，看看在以后的教养中要注意哪些问题，怎么开导孩子，帮助孩子走过这个痛苦的阶段。

坐在我面前的爸爸，有些憔悴，此时妻子已经去世四个多月了。他一来就问我，赵老师你说孩子会不会有心理问题？我只能回答，这不好说，但并不是每一个遇到不幸的人，都会有心理问题。人受到伤害，是有很强的愈合能力的。他点点头，表示认可。接着说："我现在比较困惑的就是，我不了解孩子的心理到底是怎样的？他经常问我一些问题，我不知怎么回答？比如，我跟他说，妈妈去了很远的地方。儿子就会说，很远的地方，那咱们拿望远镜是不是就能看到妈妈了呢？还有以前我们三口，特别喜欢一起去香山公园，有时儿子说又想去，我不知道要不要带他去，如果去了，孩子会不会触景生情，更加想念妈妈呢？会不会刺激他呢？我现在真的很矛盾很纠结。一方面我希望孩子不要总想起妈妈，这样他就不会因为见不到妈妈而伤心难受了；另一方面，我又希望他常常记着妈妈，这样他就不会觉得自己是一个没有妈妈的孩子，也不会忘记妈妈了，毕竟妈妈那么疼他，他这么小，总见不到妈妈，可能以后连妈妈的样子都记不清了"。爸爸说了很多类似的问题，大多数都是关于如何跟孩子解释妈妈的死，死到底是怎样一种状态，还有就是要不要让儿子再去触及那些跟妈妈有关的美好回忆。

在谈及儿子的这些问题时，我发现，爸爸常常会哽咽，毕竟爱人才去世几个月。我轻声问，您当时是怎么答复儿子的？他说，很多时候，自己一听到孩子说的话，就忍不住想哭，根本没有给予孩子任何反馈和答复，因为怕孩子看到爸爸流泪会更伤心，所以每当这个时候，自己就会找理由去别的房间，在另外的房间，自己就可以让泪水尽情地流下来。等他回来以后，孩子可能也忘了之前的问题，不再提起了。所以，事情就不了了之了。

爸爸回忆说，有一次儿子拿来自己画的大飞船，说坐着它就可以去遥远的地方找妈妈了，听儿子这么一说，自己更是泪水倾泻而出。说到这些的时候，爸爸再也没办法控制住自己的情绪，在我的面前眼泪止不住地流了下来。

爸爸哆嗦着手从口袋里掏出一包烟，拿出来在我面前停顿了一下，我点了点头。他开始猛地吸了起来，过了大约五六分钟的样子，烟被吸得还有一小截儿，他掐灭了，朝我摇了摇头，苦笑了一下。这时爸爸的情绪缓和平静了一些，他接着说，其实儿子的状况还是可以的，比自己预想的要好很多。只是遇到这样的事情，自己很担心哪里做得不够，给孩子带来新的伤害，毕竟这么小就失去妈妈，自己觉得儿子已经很可怜很不幸了。所以，特别想知道该怎么应对孩子越来越多的问题。我对这位爸爸说，对于儿子问题的回答，有一些说法您可以参考。考虑到儿子语言发展比较好，想象力特别丰富，他常常会想出各种奇招去找妈妈。针对这种情况，我们要根据孩子的心理发展水平，进行很好的引导。比如，您可以这样跟儿子解释死亡，人死了以后，躺在地下，就不用吃饭了，也不用喝水了，也不用呼吸了，可以跟孩子讲得特别清楚，可以跟孩子一起讨论，逐一跟孩子解释，让孩子对这种状态有更好的理解。妈妈去世了，埋在土的下面，妈妈是不怕黑，也不会难受的，因为妈妈已经没有这些感觉了。妈妈去世以后待的地方，我们是不能到那里的，但是我们可以在心里想着妈妈，跟妈妈说话，这样妈妈就能听到。

所有对于儿子的回答，都是为了帮孩子解除他的担心和顾虑，让他能更好地理解"死亡"是一种什么状态。这些解释，听上去对爸爸来说可能都是很痛苦的过程，但是，爸爸还有别的选择吗？没有。要不就沉浸在逃避、伤心和幻想的思念里，要不就在这样的过程里慢慢地治愈自己。为了孩子，也为了自己，我们必须选择治愈，因为生活只能前行和继续。这种想法，是爸爸每次回答儿子，面对儿子时，应该给自己的暗示，也是给予自己的勇气。

在帮助孩子了解妈妈的状态的同时，爸爸还有这样的担心："如果把妈妈说得那么好，往事那么美好，而现实中儿子又确实不能得到，儿子会不会更加不开心呢？就像是孩子拥有一块糖，告诉他这糖是你的，但是你不能吃它？是不是还不如告诉孩子，你没有这块糖会更好一些呢？"爸爸为儿子想了很多，想尽可能不要再增加孩子的痛苦，所以很想在痛苦增加和减少之间找到所有减少痛苦的方法。看着糖却不能吃，与其如此，不如没有这块糖。这个逻辑，对于小孩子抵制某些食品或是玩具的诱惑，在很多情况下是行得通的，也是可以采纳的。但是，妈妈这个角色，是不可能没有的，没有妈妈，怎么会有儿子呢？妈妈，是我们动物的生命本源。所以，我们还是无法选择，我们必须面对现实，我们曾经拥有，我们现在又失去了，我们要珍惜曾经拥有的美好。

　　爸爸，应该常常告诉儿子，虽然妈妈不在了，但是妈妈就住在你的身体里，你身体里有妈妈的血液，妈妈的爱会陪在你的身边，也陪着爸爸。就像你白天到幼儿园里来，没有妈妈陪着，但是妈妈依然是爱着你的呀。妈妈不在了，那份应该由妈妈给你的爱，爸爸会尽量给你。可以鼓励孩子翻看妈妈的照片，重温那些美好的瞬间，在孩子想念妈妈时，爸爸可以拥抱孩子，让孩子感受爸爸的爱，回味妈妈的爱。有些内心的欲望，你越是想压抑，越会来得强烈，不如让它流出来，用另外的形式满足它。爸爸也完全可以带孩子去全家曾经一起玩的地方，这些对孩子来说都是十分珍贵的记忆。六岁以前，除非是反复重复加深，或是印象特别深刻，否则随着时间的流逝，很多记忆孩子就会模糊，逐渐丧失掉，帮助孩子保留这些美好的记忆，是很有必要的。

　　事实上，孩子的情况并没有爸爸担心得那么糟糕。妈妈去世以后，孩子在幼儿园里，得到了老师和小朋友们更多的关爱，他很少独自伤心或是闷闷不乐，还跟以前一样很快就可以专心做游戏，他很自然地把对妈妈的依恋转移到家里其他人身上，比如爸爸、姥姥、姥爷等。而且孩子拥有一位非常了不起的妈妈，她很坚强，得知自己病重之后，表现得特别冷静，没有抱怨和恐惧，独自面对。直到去世前的一个月，家人才知道她严重的情况。这可能也是爸爸一直不能接受和释怀的事情。妈妈知道自己不久会离开家人，在走之前，悄悄地为孩子准备了很多年以后他需要的东西，比如衣服玩具学习用品等，还每年为儿子准备了一封信，在生病期间，畅想着儿子长大以后的样子。这是一位同时拥有理性和智慧的妈妈，她用心保持着跟儿子的每一份连接，即使自己不在世上，也给予儿子妈妈的关爱和鼓励。

　　我看着眼前这位憔悴的爸爸，他显得更加平静了，更准确地说是沉静了。我说道，根据我观察和了解到的情况，孩子适应得很好，很坚强，很懂事，您呢？听到我问这个，爸爸说不出一个字，只是一直在那里摇头。过了一会儿，他才低着头哽咽地说："不好，我没有儿子做得好。"爸爸接着说道，"我每天不知道要做些什么，恍恍惚惚的，担心焦虑伤心虽然不好受，但会让我觉得心里满满的，我很害怕心里空空的那种感觉，但是我又觉得很累很累，总是休息不好。"我接着对爸爸说："除了对孩子的解释，其实最大的问题可能还是您本身。每个人失去至亲，都需要很长的时间适应和调整，您现在才经历了四个月，是很艰难的阶段，这种状态是正常的，但总是会过去的。过去我们说守孝三年，虽然多是指孩子对父母，但是大多数人，失去亲人，在几年之间都不会很好受的，您得做点儿别的事情，转移注意力，暂时让紧绷的状态松懈一下。否则，您可能很快就会病倒的。如果您病倒了，可能又会影响到孩子。所以，要想孩子好，您自己首先就得好起来。"

我接着问："您平常喜欢做什么？"他告诉我，看电影，读书，旅行。我说："你爱人去世之后，您去看过电影吗？他继续摇头，说："没有。我怎么可能去看呢？我去不了人多的地方，我受不了，到了外面或是人多的地方，我就会觉得头晕。即使能去，如果我去了，我会有负罪感，老婆刚去世，我怎么可以有心思去做这些消遣娱乐的事情呢？"他说的话越来越多。我所能建议父亲的就是，让自己尽快好起来，如前所说，生活还需要继续。爸爸必须先调整好自己的状态，才能面对孩子的问题。不要让自己刻意沉浸在失去亲人的痛苦中，就像我们生气久了，僵硬的表情持续一段时间后，我们会突然忍不住大笑起来，此时并不是我们不伤心了，开始真正高兴了。而是，我们人类的身体都有自我保护的能力，机体会自发调节，让自己放松一下。爸爸可以读自己喜欢的书，看自己喜欢的电影，把状态调整好了，再去面对儿子。生命是痛苦的，但你没有别的办法，只能去面对。爱人在不在世，她都会希望自己深爱的丈夫生活得开心幸福。

这位爸爸又来找过我两次，一次是半年以后的事情，他最大的改变，是脸上有了笑容，尤其在谈到儿子的趣事和进步时，他很投入、很欣慰也很自豪。在我的建议下，班级老师打消了几位家长志愿组成爱心小组的想法。原本这些好心的家长觉得孩子的妈妈不在了，如果孩子需要什么玩具材料，她们可以出钱出力帮忙准备，就不劳烦爸爸了。但是，我认为，这个家庭并不需要金钱上的资助，这些事情爸爸也完全有精力去做，做这些事情，恰好能让爸爸更多地参与到孩子的成长中来，也能更好地治愈自己内心深处的苦痛。很幸运的是，这对父子真的做到了。

另一次是一年以后的事情。爸爸再次来找我。他说了很多感谢的话语，我听了很开心。他已经不像最初那样一说话就哽咽了，他还跟我说了很多姥姥姥爷如何疼爱孩子、疼爱他的事情。他说岳父岳母对待自己真的如同亲生儿子一般，常常建议他再去找个伴，也为孩子找一位新妈妈，组成一个新的家庭。我问他，那您有这个想法吗？他说，还没有，我还没准备好。我很享受跟儿子目前的状态，不想找。他询问了很多给孩子选择书籍的事情，因为孩子特别喜欢读书，尤其是跟科学有关的读物。孩子的语言一直发展得特别好，表述东西非常清楚，很会演讲，在班上演讲的时候大方得体。爸爸自己是报社的编辑，对于儿子在这方面的优异表现很是自豪。

之后，他就没再来找我，我希望他是真的不再需要我了。因为他儿子就在我们的隔壁读小学，偶尔送孩子上学时我们会碰到。我见到了已经上小学的儿子，健健壮壮阳光的男孩子，满脸的笑容，每次见面都会觉得他更高更壮了一些，父子俩有说有笑的，非常好。最近一次，我又遇到了送完孩子的爸爸，他苍老了很多，还是喜欢抽烟。他告诉我，他已经可以做自己喜欢的事情了，会看自己喜欢看的电影，读自己喜欢读的书，带儿子去爬香山，也会想到孩子的妈妈，但不会那么伤心了，会感到遗憾，想着要是她在该多好。但是这样的思绪不会影响他们的开心，想念能够很好地待在心里，不会影响他们的生活。他觉得儿子很令他欣慰，非常懂事，自理和学习能力也很强。甚至，他开始偶尔考虑再婚的事情，只是在家人鼓励时会想一想，包括岳父岳母，都是特别好的人，鼓励他重新考虑重建家庭的事情。他说，没想到自己就这么挺过来了，虽然不容易，但也没有想象得那么难。我的眼前不断浮现他们的画面：爸爸拉着儿子的手，一大一小，渐行渐远！我不禁感叹：生命是多么偶然，生活是多么真实。

如果，你在生活中，不幸遭遇了什么，请多多鼓励自己，安排好自己的生活，你才有可能有能力照顾好你的孩子。倘若自己都照顾不好，你是很难把孩子带好的。关于死亡，大家也可以看一看一部动画电影《寻梦环游记》，讲述的是墨西哥人的亡灵节。

♡ 清明节——爱有两面性：悼念和遗忘

我们会经常带着孩子参加各种节日和典礼（如婚礼），但每逢清明节和葬礼，我们的家长却不知如何是好，拿不定主意，要不要让孩子参加？你可能需要从另外一个角度理解什么是爱——爱的尽头是遗忘。

葬礼，指和死者的告别仪式，通常包括安葬、殡仪和举哀。这一系列内容，对人类来说是一种文化，根源在于人们相信人类是有灵魂的，逝者的灵魂会继续影响在世人们的生活。因此，人们会根据各地祖辈流传下来的习俗表达失去亲人时的哀痛。

无论是葬礼还是清明悼念，我个人的建议是，最好不要让3岁以下的小朋友参加。3岁以上的小朋友可以参加，但也要关注一些细节上的安排。为什么呢？

因为从记忆发展来看，3岁以前个体很少具有自传体记忆，即对发生在自己身上生活事件的记忆，也可以理解为个体很难独立将某些小时候接触过的人和事载入长时记忆。所以，如果孩子的亲人在他们年幼时离世，孩子长大后几乎是没有任何记忆的，因为婴儿期的记忆有的只能保持几分钟，或是几个月，但都很难保持很多年。除非，孩子经历了特别强烈深刻的情感体验，主要是负性体验，或是情境场面过于血腥，引发了高强度的痛苦和恐惧。此时，那些场面似乎被眼睛拍成画面照片，深深地印刻在大脑中。在个体长大后，还会偶尔冒出来让人再次体验到那种真实的恐惧感，尽管有时脑子里的画面是模糊且不精准的。这种感受主要来自于对成年人的追溯访谈。

从现实本身来看，有些葬礼，根据习俗，人们会营造出特定的环境和音乐，身着黑色或白色的素色服饰，还会在特定的环节里，集体用大声喊哭、鞠躬默哀等方式，表示自己的痛苦。对于小小的孩子来说，如果置身于这样的情境里，结果只能有一个，就是被吓得大声哭泣，不知所措。而这种恐惧极有可能在多年以后继续影响着孩子，在很长时间里都难以消化。

从情绪情感的理解来看，即使人们什么都不说，四个月大的婴儿就可以理解隐藏在他人面部表情和声音表达中的情绪。婴儿最早在八九个月就会出现社会性参照（social referencing），即有意地搜索他人的情感信息，来帮助自己解释不确定的环境和事情的含义。关于婴幼儿的这种能力，大家也可以在心理学领域内的视崖实验里获得更深入的了解。

葬礼中，人们的声音、人们的表情，这些令人难受的信息都将给小孩子以强烈的刺激。他们根本不懂人们在做什么，也不明白谁离世了，更不知什么是离世，即使离世的人跟自己关系再密切，很遗憾的是，孩子都不会记得他们，只能依靠其他亲人的日后记忆植入，来脑补并记住亲人。就像很多从幼儿园毕业的小朋友，纵然再喜欢班上的老师，也会在几年之后忘记老师，老师的个人信息会越来越模糊，但喜欢或不喜欢幼儿园的感觉，则会随着年龄的增长在内心越来越清晰。

基于上述考虑，从某种程度上来说，让年幼的孩子参加葬礼，对其本身来说，似乎除了恐惧，并没有太多的意义。可能只是满足了成人对礼节文化的一种尊重和坚守。所以，真的不建议让小孩子目睹这样的场面。

如果孩子年龄稍大一些，比如三四岁以后，对于大家能够控制局面较为平静的扫墓悼念活动，如果孩子跟去世的亲人关系十分密切，在做足心理准备的前提下，可以带着孩子一起参与。比如有的孩子由祖辈养大，感情特别深厚，或是孩子已经足够大有了长时记忆，一旦亲人去世，没有告诉孩子，也没有让孩子有一个道别经历，那么在孩子的心中，这可能永远是个遗憾。孩子会永远在心里疑惑，那个人到底去哪里了呢？怎么就突然消失了？长大后可能也会埋怨家长。有些道别也可以根据孩子的接受能力，适当延后，在孩子大一点时再进行，给孩子一个圆满的交代。

如果不幸，去世的人是孩子的父母，尽管年幼，有时可能还是免不了要参加葬礼和扫墓的部分环节，这个时候一定要注意局面，让孩子有安静的悼念即可，一定不要让成人的过激行为吓到孩子，毕竟孩子太小，很难消化跟成人一样的情绪情感。

如果真的很难控制外界环境，可以做退一步选择，让孩子在熟悉安静的环境里表达对亲人的想念，比如带孩子去亲人在世时喜欢去的地方走一走，在家里翻看一下曾经的照片和视频，披一件或是抱一抱亲人的衣服，坐一坐他们曾经坐过的椅子。想念有时不可压制，只能满足和化解。

在进行这些活动当中，有些孩子可能会问一些让我们大人伤心的问题。这时大人可能需要做好心理准备，应对孩子的问题。如果孩子问，他们在地下会冷吗？要吃东西吗？小虫子会咬他们吗？我们要尽可能打消孩子的疑虑，告诉他们，去世了，就是一个人在世界上没有时间了，人死了就不呼吸，不吃东西，不会觉得冷，不会有虫子吃。如果大人心里很难受，可以抱一抱孩子，告诉她，自己现在很难受，过一会儿再讨论这个话题好吗？

死亡是我们每个生命体都会必然经历的环节，生者对死者的爱和不舍，除了伤心痛苦，还有很多种其他的表达方式，我们真的不必刻板地循着一些过激的传统，强求孩子，更不要刺激孩子，因为怀念可以进行得更加美好。

你或许以为，爱一个人就是要不断的思念和记起，其实，有时遗忘也是一种爱。记得一部影片里，男孩子的父亲在他初中时因病离世，在爸爸的病床前，男孩伤心地说，爸爸不能参加他的毕业典礼了。爸爸跟他说了下面的话，他觉得自己一辈子都释怀了："爸爸也觉得很遗憾，不能参加你的毕业典礼，也不再能参与你以后的很多重要的事情。但是，如果你在以后人生的每一个重要时刻，都能想起爸爸，爸爸在天堂里就会很开心。"

不管在世还是离世，我们跟自己爱的人的相处时间都是很有限的，遗憾的是，有些人只会在失去亲人时痛苦不堪，却未能懂得要珍惜大家在一起的每一时每一刻，没有用心开心地相处每一刻。就好像很多家长都会"嫌弃"孩子黏人、调皮或是捣蛋，但是一旦孩子生病了，所有的"嫌弃"就会化为乌有，认为只要孩子健健康康的这些恼人行为就都不算什么。很多时候，我们也只是知道我们的亲人在某处好好地活着，我们也并不能真切地接触他们。如果想得深入绝对一些或是豁达，从内心的亲密感来说，亲人在世与离世又有什么分别？因为我们总是喜欢拥有，所以失去时总会不舍难受，拥有可以是心理上的悼念和遗忘，记着亲人的美好和相处，忘了亲人的不好和离去。

如果离开你的亲人希望你好好地活着，希望你开心快乐，好好享受生命，但你却一味沉浸在无止境的思念，强烈的悲痛，以至于无法自拔，连记忆亲人的能力都将失去，那将会适得其反。清明时节，不如用遗忘来延续我们与亲人之前的爱，毕竟生活还在继续。忘了你的亲人已经没有时间，忘了你不能再真切地触碰他／她，忘了彼此的恩怨，只在心底重温往昔的拥抱和温度就好。

爱有两面性，悼念和遗忘，悼念是爱，遗忘也是爱。既然不舍失去，那就珍惜此刻的拥有，让我们的亲人永远住在我们的心里，无论在世还是离世。对逝去亲人最好的爱，就是懂得爱自己，延续生命，感受美好。

第 19 章

师生共处——老师妈妈和妈妈老师

> **养育要点：** 师生关系，不一定建立在严肃与害怕的格调上。有时孩子惧怕老师，也是前期的家庭教育所致。在老师和妈妈之间，孩子到底需要怎样的疼爱与管教？

♡ 孩子为什么怕老师

有一些小朋友，入园适应很快，喜欢跟小朋友游戏玩耍，吃饭睡觉都很好，就是当老师单独跟他接触，或是不经意走到他身边时，他会显得特别不自在，比如停下正在进行的游戏，说着话的小嘴也闭上了。如果老师问怎么了，孩子回答的声音也会特别轻特别小。

小孩子对某些事情或某些人感到恐惧害怕，是其成长过程中比较普通和常见的事情。但是案例中这些小朋友的表现让家长和老师都很费解：入园适应顺利、和同伴相处比较自然，可见了老师却变得怯生生的。这是为什么呢？

如果孩子只害怕某一位老师，那么极有可能是这位老师的某些言行让孩子抗拒、焦虑。但是如果孩子害怕所有的老师，虽然老师对他很好，别的孩子跟老师也很亲近，但唯独他躲避所有老师，这就要多从孩子自身的内心发展来考虑。因为每个孩子的内心需求是不一样的，孩子对老师亲不亲，觉得老师好不好，不仅仅取决于老师的客观行为，还与孩子自身的主观感受有关。

如果孩子对所有老师都怕，则可以初步判断他和老师这一成年群体的交往存在一些困难，导致这种困难的原因可能有以下三方面：

1. 孩子对老师这一角色的认知有偏差。孩子入园不久却怕老师，很可能是入园之前对老师这一角色认知上的偏差造成的：老师是严格的，不会像妈妈那样疼我，去幼儿园一定要听老师的话，否则老师会厉害地管教我。孩子有这样的认识，主要受家庭教育的影响。比如有些家长在孩子不听话难于管理时，会情不自禁地把老师这一权威形象请出来："你再不听话，以后把你送到幼儿园，让老师好好管你！""你这么做，到时候老师会批评你的。"这种"吓唬"式的管教，会让孩子不知不觉地认为老师是可怕的。这种方式容易导致两种结果：一种是孩子对老师的话言听计从，完全印证了家长的初衷，孩子就是怕老师不怕家长；还有一种可能是孩子入园后发现老师一点儿也不凶，于是变得更加顽皮而难于管理。可见，家长用老师来吓唬孩子并不是一个可取的方法。

如果家长确实没有跟孩子说过类似的话，孩子或许通过其他途径（如电视节目报道、他人议论等）获得了这种不恰当的认知，因此，我们需要通过聊天等方式来了解孩子是否对老师存有这种不恰当的理解，如果有，就要及时帮助他进行调整。

2. 孩子与家人相处经验的迁移。三岁的孩子并不是一个完全被动的个体，他们已经具备很多能力，比如把交往的人群进行归类，对他人的心理行为进行推理，以及把已有社交经验和原则进行迁移等。现实生活中，孩子常常会将与家人相处的经验和感受迁移到与其他人相处的过程中。

如果家长对孩子管教过于严厉，比如不能容忍孩子表达不同的意见，对孩子要求严格，要求孩子无条件服从，就会导致孩子与其他权威人物的交往出现问题。比如，有些孩子容易退缩和胆怯；有的孩子反而会变得更加逆反粗暴；有的孩子则会游走在两种类型的孩子之间，变得更加敏感，早早就懂得了根据交往对象的不同采取不同的行为方式——对同伴这种平行的人际关系，往往表现出强势和专横，对于成人这种垂直的人际关系，却表现出怯懦和退缩。这样的孩子就会表现出，在同伴面前一个样，在老师面前又会一个样，就好像在一个身体里，住着两个完全不同的小人儿。

3. 孩子对亲密关系的渴望和需求。出现这种情况的孩子，往往父母存在疏于照顾和接触的情况。比如爸爸妈妈工作繁忙，或者是经常出差，很少陪伴孩子。虽然入园初期孩子没有表现出明显的不适应和分离焦虑，但这并不能说明父母相对缺失的现状对孩子没有造成不良影响。如果说生命有多么需要阳光雨露，那么孩子就有多需要爸爸妈妈的陪伴和疼爱。回想一下那些怕老师的孩子们，我们会想到他们的笑脸吗？能想象出他们咯咯的笑声吗？似乎不能。但我们似乎能想象出一个个孤独的、有时怯懦有时又强势的小朋友，没有妈妈的及时抚慰，更没有爸爸带来的开心，有的只是应该服从的社会规则。孩子不敢跟老师亲近，不敢在老师面前放松和自在表达，说明他们不能把自己当成一个被呵护关爱的孩子，而是一个要遵守管教、听从权威指令、害怕犯错误的低微个体。这意味着孩子不懂得如何跟成年个体之间进行亲密互动，孩子的不懂正是由于他们在这方面存在着缺失。

因此，如果孩子有着这样的情感交流背景，那么老师很难通过普通的亲近方式来走进孩子的内心，因为孩子需要比其他孩子更长的时间来接纳老师，需要老师用更浓郁的爱来化解他的顾虑。显然，这样的小朋友，只有老师或者是家长单方面的努力都是很难解决问题的，幼儿园和家庭教育的共同努力则显得尤为重要。

♡ 给家长们的建议

这个年龄段的孩子一方面需要管教，另一方面他们需要的是宠爱和疼惜，二者缺一不可。对于那些妈妈不在身边的孩子，家人给予的疼爱一定要多于管教，尽可能让孩子在满满爱的氛围中接受正面管教。

爸爸妈妈给予更多的陪伴，让孩子习惯于亲密，并懂得如何表达和接纳亲密的感情。爸妈要像对待任务一样重视起来，留出陪孩子玩的时间。爸爸早上离开和晚上回来时，都要跟孩子说句话或是亲一下，时常准备一些小礼物（如一片漂亮的树叶）送给孩子，让孩子能够睹物思人。爸妈周末休息时，组织全家在一起的娱乐活动或是亲子游戏，最好是大运动，如追跑、玩球等户外活动，也可以是室内的床上翻跟头、用胳膊抬着孩子荡秋千等。这些大运动不仅能让孩子喜欢与人亲密接触，还能让孩子很好地释放前段时间累积的负性情绪，形象来说，这是爸妈给孩子重新充爱的过程。爸妈不在的时间里，祖辈们可以通过小视频或是聊天等形式带着孩子回顾这些美好的记忆。切记，父母的人可以缺席，但父母的爱绝不能缺席。

此外，家长要帮助孩子对老师建立正确的认知，修正以前的偏差。可以全家一起进行角色扮演的游戏，妈妈或其他家人演老师，来表达对孩子的喜欢和爱，从而逐步消除孩子心里对老师的惧怕。

♡ 给老师们的建议

如果班上有怕老师的孩子，不要因为孩子的躲避而气馁，要继续向孩子表达关爱之情。可以在娃娃家和孩子一起做游戏，让孩子当小宝宝，老师当妈妈，然后老师来抱抱、亲亲孩子，鼓励孩子在老师的怀里安静地待一会儿。

之后老师要细心观察孩子心情如何，是更加快乐和兴奋，还是更加紧张和焦虑？如果是前者，说明孩子在游戏中更容易接受老师，内心更放松，也容易接受和表达亲密。如果是后者，说明孩子内心里还不够接纳老师，老师也可以继续细心观察孩子，在生活中关心、帮助、鼓励孩子，或者请孩子帮助做一些她擅长的事情来建立亲近感。等待时机成熟，孩子准备好了，再跟孩子更加亲密的互动。

孩子的成长，需要幼儿园和家庭共同努力，多关注，多陪伴，孩子的问题才能得以解决。相对于学校教育，家庭教育显得尤为重要，具有更加深远的意义，毕竟学校教育对于任何一个孩子来说，都是阶段性的，而父母教育伴随孩子终身。

有一种叫作"老师妈妈，妈妈老师"

怎样才能成为一位好妈妈？怎样才能成为一位好老师？这是很多家长和幼儿园老师困惑的问题。当下，无论是妈妈这个角色，还是老师这个职业，都让很多女性深陷困扰，在工作和家庭中不断地切换，令人疲惫不堪。曾几何时，一种"佛系"养娃的观念让家长们颇为宽慰，可是如此一来，父母秉承"我不懂你所以我也不管你"这样的理念，又让人觉得很不负责，过于放任孩子的成长，家庭教育显得过于被动；而那种"幼儿园老师要像爱自己的孩子一样爱护班里的每一位孩子"的大爱理念，又让很多老师力不从心，譬如面对孩子入园时的分离焦虑，老师有时真的无法降解这种焦虑，因为孩子并不是被动的个体，虽然他们年龄很小，但他们永远也不会混淆妈妈和老师的角色，我们不得不承认老师再亲也抵不上亲娘，孩子的很多行为也是他们心智发展正常的体现。

成人过多的纠结和强大的信息加工能力，有时反而让自己更加困惑和苦恼，作为家长，作为老师，到底要怎样养育我们的孩子呢？其实只要我们换个位置，何去何从并没有那么难以拿捏。如果我们成人能够从孩子的身心感受和发展来看待这个问题，看似错综复杂的难题便会迎刃而解，妈妈和老师的角色定位也就会显得容易很多。

这个崭新的角度就是：孩子有时需要妈妈像老师一样教育引导自己，有时需要老师像妈妈一样宠爱关心自己。如果一个孩子在成长过程中，有着一位老师妈妈，又有着一位妈妈老师，那无疑是幸运和幸福的。

之所以这样说，我并是想让大家陷入更加混淆的角色定位中。而是想告诉大家，有些时候，在养育孩子遇到难题或者纠结时，换个角度想一想，就更容易解决问题。你会发现，适度地进行角色转换，会让你带起孩子来更加游刃有余，正所谓"他山之石可以攻玉"，小小的灵机一动就能解决你的大难题。

幼儿园里曾经表演过一个《老师妈妈》的节目，通过小歌舞剧形式展示了一个动人的小故事。故事的主人公是一对母女，妈妈是一位幼儿园老师，孩子处于幼儿园阶段。早上时间到了，妈妈要去上班，孩子依恋妈妈，不肯离开，但是妈妈还有自己的工作，班上还有孩子等着妈妈去照顾。妈妈走了，孩子哭了，这时，孩子的幼儿园老师来了，老师像妈妈一样关心哄逗这个孩子，让孩子不孤单寂寞，让孩子重新露出笑脸，体验到了妈妈曾给自己的快乐陪伴。

在社会中有很多分工，让我们在家庭角色和工作角色中错位付出，比如，医生照顾着病人，而别人又在照顾着自己的亲人，这种错位互助不胜枚举，而这种错位有时却能带来意想不到的好处。

作为家长，我们再也不能仅仅是喂养孩子，让孩子吃好穿好住好就可以，也不仅仅是教育好的品性道德即可，我们真的还需要一些类似老师的角色，为孩子提供教育，传授知识技能：陪伴孩子进行绘本阅读、为孩子提供适宜的玩具材料支持孩子的认知发展、有意识地进行科学启蒙、培养孩子探究的兴趣、促进孩子粗大精细动作的发展，甚至你要研究孩子的学习特点和方式，以便达到最佳学习效果。这些本该由学校里专业的老师进行的教学内容，家长也需要在家庭内进行尝试和操作，所以有时妈妈就得充当老师的角色，具备教师功能。关于这部分内容，大家可以参考我公众号里面的相应文章。做一位"老师妈妈"，偶尔穿插老师角色时，在以下方面也有助于父母养育孩子时保住底线，比如：管住自己，不动手打孩子，不随意责骂体罚孩子；鼓励自己，增强游戏力，让亲子共处更有趣味性；鞭策自己，活到老学到老，跟孩子一起成长学习新知识。虽然，在孩子眼里，我们是一位"妈妈"，但在孩子的心里，我们有时也可以是一位"老师"。

作为老师，我们再也不能仅仅是对着教学计划和教学目标实施教育，如果孩子不信任老师，跟老师不亲密，在老师面前不放松，在老师身上找不到"妈妈般的疼爱和温暖"，那么再完美的教学活动恐怕都难以让孩子获得发展，从中受益。虽然，在孩子的眼里，我们是一位老师，但在孩子的心里，我们有时可以是一位"妈妈"，永远首先关注孩子的心情和身体健康状况，然后再开展教学，偶尔让自己成为"妈妈老师"，也许你就能解决孩子不午睡、过渡环节听不见、不遵守游戏纪律、分离焦虑严重、不参加集体活动、注意力不集中等一系列问题。

譬如备受瞩目的分离焦虑问题，无论对于家长还是老师，在应对方向上，都不应该是想尽办法降解焦虑，而是要想尽办法帮助孩子建立新的亲密的依恋关系，让孩子被新的环境和生活所吸引，因为一旦是孩子主动离开我们，而不是被迫离开，他们的焦虑就会自然隐退，此刻他们在一心追求着"独立"。分离焦虑无疑会伴随我们一生，只是强度频次不同，完全没有必要想尽办法去清除。

说到这里，不禁让我想起大学时曾经学过的专业课程，当两本专业书籍发到手里时简直要崩溃，一本是《物理化学》，另一本则是《化学物理》。中文真的是博大精深，主语都在后面，前面的则是修饰语，学习过才了解在《物理化学》这门课里，要学习是以物理的原理和实验技术为基础，研究化学体系的性质和行为，发现并建立化学体系中特殊规律；在《化学物理》这门课里要学习物理体系规律中的化学反应和变化。相对来说，化学更偏重从实验现象总结归纳出理论，而物理可以单纯研究纯理论，进行计算，最后推出结论。但在实验以外的现实生活中，化学物理往往交织在一起。就像我们上述的妈妈老师、老师妈妈一样，角色的穿插遍布各个角落，需要随机应变，灵活对待。

从一个孩子的成长来说，家庭教育和学校教育就如同他们的两条腿，协调一致、交替并进，方能走好人生之路。

家长如何对待孩子在幼儿园受处罚

孩子在幼儿园里受到处罚后，建议家长们按照以下步骤和措施进行处理：

1. 跟老师了解实际情况。第一时间跟幼儿园老师进行沟通，了解事情的来龙去脉，不要让推断出来的"真相"误导自己。形式上，建议采用面对面的方式，其效果胜过微信、短信、电话等任何通讯方式，不推荐由别人代为转述或转达。沟通对象，一定要是当事人老师，因为每个班级有三到四位老师负责工作，每位老师负责的内容和时间段均有不同，家长一定要跟事情发生时在场的老师进行直接沟通。人员安排上，最好由家里一位固定的家长进行追踪沟通，这样有利于把情况了解得更清晰，避免由于不同人转述信息的不完整造成新的误解。

2. 跟孩子沟通细节内容。大多数上了幼儿园的孩子，都能比较清晰地表述曾经的经历，因此建议家长跟孩子进行沟通，这样做也有助于家园共育。考虑到孩子的特性，容易受到他人的误导，修改自己的记忆，为了让孩子真实地再现当时的情况，家长在跟孩子进行对话时要讲究技巧，要环节具体且不带有指向性。例如家长了解到处罚发生在户外活动之后，可以问孩子："今天在外面玩完之后，老师带着你们做什么了？发生什么事情了吗？"而不是有方向性把处罚界定在孩子身上，比如："今天老师是不是处罚你了？老师为什么要处罚你？"这种询问通常是不适宜的，因为孩子往往会因为害怕再次受到父母的责罚或是为了博得父母的同情庇护等原因，而"修改"当时的情况。就好像如果孩子真的打碎了杯子，你问"谁打碎了杯子？"远不如问"杯子是怎么碎的？"更有可能了解到真相一样。

3. 辨别处罚是否适宜得当。从孩子对自己行为负责的角度来说，在教养过程中，对于两岁以后的孩子，成人可以采用小小的处罚，但绝对不是任何形式的体罚、粗暴的言语或是让孩子身心受损的形式。在时间上，通常不会超过五分钟，越小的孩子时间应该越短。例如可以剥夺孩子的权利、让孩子自己独处冷静一下，目的都是让孩子认识到自己的错误，改正自己的行为。处罚前后，一定要有耐心的解释说明，让孩子完全明白自己为什么会受到处罚，知道正确的做法是什么。尽管处罚确有效果，但在幼儿园阶段仍不推荐这种教育手段，孩子越小，越应该采用鼓励以及树立榜样的方法，让孩子通过模仿习得良好的行为规范。因此，如果孩子在幼儿园经常受到处罚，或是处罚给孩子带来了心理情绪上的困扰，如孩子怕老师、抗拒上幼儿园等，家长一定要引起注意，绝不能忽视这种情况，尽早找园长沟通，辨别幼儿园是否存在违背师德的现象，及时阻止处罚给孩子带来的伤害，必要时借助专业力量，为孩子进行心理疏导。

♡ 父母如何跟老师沟通能让孩子在幼儿园过得更好

当把亲自养了三年的宝贝送到幼儿园时，父母多少都会有所担心：一方面担心孩子不能很好地适应幼儿园里的各方面生活；另外一方面也担心幼儿园老师不能像家里人那样照顾迁就宠爱孩子。

想要孩子在幼儿园过得好，有一个关键的事情，父母一定要关注，必要时进行学习，那就是如何跟老师进行高效沟通。

在实际工作中我发现，很多父母并不能有效地跟老师进行沟通，即无法通过沟通解决孩子在幼儿园的各类问题。

所以，父母要尽可能避免无效或者低效沟通，采取高效积极的沟通方式。具体沟通时有几个关键点，大家可以关注并参考。

♡ 理性评估老师的能力

有些家长喜欢完全依赖于老师，并且神化了老师的功能。认为孩子只要交给老师，自己从此就可以逍遥自在，再也不用担心孩子成长中的问题。

孩子上了小学以后，很多家长就会开始怀念幼儿园的生活。因为幼儿园一整天全包，而上了小学呢？要准备早餐、晚餐，甚至是有些过敏的孩子还要准备午餐送到学校去。除了上述这些琐碎，家长们感到头疼还有督促陪伴孩子写作业。

幼儿园阶段的"省心"并不意味着家长在孩子年幼时可以忽视孩子的成长。孩子终究是自己的，而老师则可能每年都在更换。父母才是一辈子的相处，老师毕竟都是阶段性的陪伴。

所以，家长一定要站好自己的责任位置，当孩子任何时候遇到问题时，不是老师需要主动提醒和求助于家长，而是家长需要主动求助于老师和幼儿园，必要时还需要求助其他行业内的专业人士。

之所以鼓励家长们站稳自己的角色，是想提醒大家，孩子发展中的问题可能是方方面面的，任何一位幼儿园老师的职责范围都是有限的，能力更是有限的。有些问题，并不是班上老师水平不够、能力不足或是缺乏责任心，帮助不了家长和孩子，而是家长养育孩子过程中需要的协助，已经超越老师的能力范畴。

比如孩子的牙齿保健、视力问题、心理问题、发展水平的高低，班上的老师可能无法直接给家长非常专业系统和严谨全面的答复。

但是，懂得沟通的家长至少可以从老师那里获取两方面的信息支持：一是询问老师是否有相应的专业资源推荐？比如保健医？心理老师？评估老师？二是请老师协助，系统有目标地收集更多孩子在幼儿园里的行为表现。为家长提供孩子在幼儿园的生动案例，是老师们完全可以胜任的事情。

家长一定要明确，哪些是班上老师可以帮我们解决的，哪些是班上老师无法帮助我们解决的。沟通时，就筛选那些老师能够帮助我们的内容进行讨论。

♡ 突出沟通的重点难点

因为大部分幼儿园老师都是女老师，而很多小孩子的事情也都由妈妈负责，所以很多时候的家园沟通就发生在女人和女人之间。所以，有些家长习惯于把日常生活中女人之间的沟通迁移到跟老师的沟通中来。

女人通常被认为是情商较高、心思较细腻的物种，她们的沟通不仅深入，也往往很发散。有的妈妈心思细腻周全，每次跟老师沟通喜欢碎碎念，事无巨细。理性来讲，老师很难把控家长用心详述的所有细节。

在大多数公立幼儿园，三四位老师共同照顾三十个孩子，平均下来每位老师要同时照顾十来位小朋友。即使在一些比较高端的幼儿园，平均每位老师也需要同时照顾三四位小朋友，仅从成人与孩子的比例上，师幼相处跟家里的亲子相处就存在很大的差异。

所以，如果咱们家长希望老师做什么，譬如有 10 件事情，最好能突出一点最重要的，而不是全部要交代给老师。假如孩子刚刚入园，告诉老师孩子的依恋物是什么、需要怎样安抚哭闹，就比告诉老师孩子尿湿裤子后更换哪条裤子更加重要。

必要时，家长最好可以列出条目。通过微信、短信或者是小纸条，把需求写出来提供给老师，这比跟老师口头交代或者是语音留言更能一目了然，最好一次不超过两条。

沟通的时间点也很重要，假如孩子第二天不来幼儿园，最好能在一大早发信息给老师说明情况，这样老师在接待其他小朋友来园之前就能予以确认。尤其不要在孩子入园时跟老师进行太多沟通，此时老师可能没有精力处理额外的问题。

♡ 认可老师而不是试图考倒老师

有一些家长喜欢跟老师进行教育理念和方法方面的探讨，希望搜寻到更适合养育自己宝贝的路径。一些家长朋友也很喜欢阅读，分享好的知识和内容，希望能够在自己的孩子身上，通过幼儿园老师得以实现。

这种善意的家长，很多时候确实能够帮助到老师精进教学，优化班级管理，但是也无形之中带给老师很多顾虑和压力。

因为，通常关注养育知识的父母对孩子也非常在乎，自己在养育孩子的过程中更容易焦虑，这种压力会在无形之中通过沟通传递给老师，不可避免地导致老师有些放不开手脚。

我们常说，老师是人类灵魂的工程师，如果在施教过程中总是心存畏惧，引导效果必然有限。如果家长每周都谈论一位教育专家的理论和观点，或者是盲目地将任何一位网红育儿专家的做法推荐给老师，事实将会证明，这并不是种明智的做法。

所以，我们作为家长，还是要有意识地对老师表达尊重和钦佩，这样做绝对不是对老师进行感情上的贿赂，而是对老师最基本的应有敬爱和鼓励。

更重要的是，我们这样做了，老师才能够信心十足，给我们的孩子以更好的教育和引导。

♡ 把老师当成平级帮手而不是下属

有些家长，可能会认为对老师严肃一些，明确布置任务，发号施令，摆出一副不好招惹的状态，就可以保障孩子在幼儿园过得好。事实证明，这样往往会适得其反。

因为人和人的相处是相互的关系。在关系里，从来没有绝对愚蠢和聪慧的一方，彼此都能感受到对方的善与恶。当家长在老师面前人为隔出一个保护屏障之后，老师势必受到这种氛围的影响，很自然也隔出一道屏障。

大家可以想象，两道屏障里是谁呢？是我们的宝贝孩子。

所以，只有家长跟老师平起平坐、齐心协力，才能共同托起宝贝的成长。宝贝遇到任何问题时，无论家长还是老师，彼此都要抱着解决问题的态度，而不是审查谁、质问谁，这样最终才会解决问题。

从沟通对象来看，家长需要沟通的绝不仅仅是某一位老师，大家要能够意识到，我们需要沟通的老师可能有：上午班、下午班、卫生班、助教、保健医、保安、保教主任、园长等各岗位老师。不同的事情可以跟不同老师沟通。

从沟通的时间段来看，分为入园前、离园后以及节假日。这三个时间段，家长要特别注意跟老师的沟通。

例如入园前，孩子有些拉肚子，送孩子时就可以请老师特别关注一下，避免孩子身体不舒服却又不会跟老师说清楚。

第 20 章
社交能力——后天培养的作用更大

> **养育要点：** 每个人都避免不了要与他人接触，建立亲子关系以外的社会交往。社会交往并不是可有可无的内容，而是必需内容。良好的社会交往能力能够显著提高孩子的生活品质，丰富孩子的情感世界，有助于孩子的身心健康。

♡ 孩子的社会交往能力是天生的吗

"龙生龙，凤生凤，老鼠的孩子会打洞"，说的是遗传的重要性，那么孩子的社交能力能不能得到遗传呢？如果父母的社交能力强，是不是孩子的社交能力就会高？反过来说，如果父母的社交能力弱，孩子的社交能力就差，会不会有这样的推论？

孩子社会交往能力的高低，虽然与先天因素有关，但与父母提供的后天家庭教育相关性更大。也就是说，虽然父母本身社交能力比较弱，但你的孩子也极有可能被培养成为社交能力很强的人。

如果我们想要自己的孩子拥有较好的社会交往能力，必须重视言传身教的作用。例如，在上幼儿园的时候，幼儿园基本都有保安叔叔在门口站着欢迎小朋友，父母这会儿即使再不愿意跟别人打招呼，都要在孩子面前身教，跟保安叔叔说再见。

父母可能觉得这是特别小的事情，但根据我们在幼儿园工作多年的经验，我们会发现，尤其孩子刚入园的时候，如果父母从第一天就开始有意识地引导孩子，跟保安叔叔打招呼，只注重这么一个细节，你就会发现这个孩子的社会性一定不会差。

如果父母本身不能从社会交往这件事情中获得愉悦感，那么在孩子看来，社会交往就不是有趣的事情，即使父母本身是社交达人，孩子也有可能获得不了真正的社会交往能力。

也就是还有另外一种可能，即使你们夫妇社会交往能力先天很好，而且经常在孩子面前有展示，但如果没有进行培养，那孩子的社会交往能力也可能是极低的。因为有时候父母的社会交往能力是功利性的，跟人打交道可能是有求于别人，是工作迫使我们跟别人打交道。

因此，无论父母社交能力如何，如果不重视孩子社会交往能力的培养，就可能导致孩子从小害怕跟人接触，或是不善于与人打交道。孩子的社交能力往往不是天生的，父母用心教育后天培养，孩子才会获得更好的社会交往能力。

想要培养社交能力，我们首先要端正对社交的认识。我们之所以要有社会交往能力，并不是要成为社交达人，也不是为了成为外交官，而是因为人生下来天性就属于群居性动物，我们需要跟人打交道，才能够在与跟人互动的过程中尽享快乐的感觉。

也就是说，具备很好的社会交往能力能够提高我们的生命和生活品质，所以我们才要提高这方面的能力，这是我特别想要强调的、也是很重要的一点。

关于提高孩子社会交往能力，我们经常有些误区：

1. 我们培养社会交往能力就一定会培养社交达人吗？ 不是的，有的社交达人是为了交际、为了应酬，非常功利。我们培养社会交往能力是为了让孩子享受其中，愿意跟别人交往，能够从交往中获得乐趣。

2. 敢争抢的孩子就是社交能力强？ 当然不是，在欺负和被欺负的关系里其实没有真正的赢家，无论是经常欺负别人或是被欺负的孩子，社交能力都需要提高。

3. 孩子特别随和，谁抱都能抱走，跟谁都能走，他从来不怕陌生人，就说明孩子社交能力强？ 未必。确实有的孩子先天安全感就特别强，或者比较大大咧咧，表现得超强适应，这其实是跟孩子先天特质有关。但也有可能孩子在情感心理发展中存在着一些特殊性。

4. 孩子是不是能说会道就是社交能力强？ 也不是，因为社交是互动的，除了诉说，我们有时候要懂得倾听，有的孩子不懂得察言观色，不管别人想不想听，他都在那儿碎碎念地说，其实这样别人也不太会喜欢，因为他不太会顾忌对方跟他对话的感受，所以不要认为孩子话多就是社交能力强，而是要说到别人的心坎儿上，说话得体。

5. 孩子特别害羞，就是特别内向？就是社交能力弱？ 这也是错的。我们会发现很多名人，他们本身都是非常害羞内敛的人，但你从他们的社会演讲、商业谈判和与同事的相处中，你都看不出他们是社交能力弱的人。

很多孩子的害羞和内向都是父母的假想，一定要区分清楚，一定要思考一下我们对社交能力说的那些关键点：孩子在社会生活中是不是心情愉快？能不能享受他的社会生活？是不是很期待跟别人交往？是否喜欢父母和家人？孩子脸上是不是经常挂着笑？

如何判断孩子社会交往能力的高低

作为普通父母，我们大多数不是专业人士，怎么来判断孩子社会交往能力的高低或者有没有提高呢？这里有一些小标准和可操作性的条件可供参考。

1. 孩子在社会生活中的心情是不是愉快的？ 当我们在日常中提及社会生活时，孩子的反馈是怎样的？比如妈妈说"宝贝儿我带你去某某地方玩，那里有好几个小朋友"，我们的孩子是不是高兴得跳起来？还是一噘嘴，抱怨地说："我才不要跟他们一起玩呢，我就要在家里自己玩！"

2. 孩子能不能享受他的社会生活？ 孩子在幼儿园里，或者是其他在一些集体环境的公共场所，观察孩子的状态。比如大家一起玩球、搭个积木、或者看动画片等，看看我们的孩子在身体上、距离上都能够有一个舒适自然良好的状态。

如果你看到的是四五个孩子一起玩，人家三四个孩子聚在一块儿看一本书，看得可开心了，就我们的孩子躲在角落里，观望着别人，最大的可能是我们的孩子肯定并不享受这样的生活。

3. 孩子是否期待社会交往？ 比如妈妈说"宝贝儿，今天有个叔叔阿姨带他们的孩子来家里作客，我们要跟他分享这些玩具，还有好吃的"，我们的孩子有没有期待？如果一提这件事情，我们的孩子立马就说"我才不要他们来家里，他们会吃我的好吃的，我也不想让他们玩我的玩具，不想让他们把我的玩具拿走"。如果孩子已经三四岁，那可能我们孩子的社交意识和能力都属于偏低的。

4. 孩子能否跟家人愉快相处？ 这一点非常重要，因为孩子的社会交往能力都是起源于家庭，起始于跟父母的的相处。因此，那些能够跟家人愉快相处的孩子，往往社会能力较高；而那些经常与父母产生亲子冲突的孩子，在同伴交往中也容易碰壁。

涉及关系，都需要双方互动，亲子关系亦是如此。父母需要学习如何养育孩子，而孩子也应该学会如何感恩父母，跟父母友好相处。亲子交往能力，往往被个体迁移和泛化到其他关系的相处中，譬如同伴、师生、恋人、同事、伴侣等。

亲子交往能力的高低，往往能够很好地说明个体社会交往能力的强弱。如果孩子从小就不能跟家人有很好的相处，还有一种可能就是，孩子在情感发展过程中可能存在一些特殊性，或者先天属于情感比较冷漠的人。随着年龄的增长，大约到了四五岁，这些特殊性都可以在医院得到进一步诊断。

5. 孩子爱不爱笑？ 小宝宝刚出生的时候都不会说话，从语言发展角度来讲，大概到1岁之前这段时间，孩子发展的都是接受性言语，也就是他能听懂你说什么。除此之外，他会读懂父母的表情，比如父母跟他张嘴、伸舌头或者冲他笑的时候，我们的宝贝儿就会以他特有的方式对父母进行回应。如果父母经常对着他笑，孩子也对我们报以笑容，慢慢"笑"就成为孩子表达正性情感的主要途径。

如果孩子在跟人的接触过程中经常面带笑容，或是经常"咯咯咯"笑出声音，那么这个孩子的社会交往能力一定是比较高的。有些孩子跟别的小朋友一起玩的时候，别人都好，就咱们的孩子过一会儿就会因为各种理由哇哇哭起来，又或者经常跟别人发生冲突，这时候就提示家长，孩子的社交能力比较低或是比较弱，需要我们采取一些方法帮助孩子提高社交能力。

简要来说，作为一个个体，如果在社会交往中总是感到痛苦，说明你能力还不足够高；如果经常感到快乐，说明你能力已经足够强。

孩子的社交能力并不是孤立存在的，往往和其他能力相辅相成，并行发展。我们很有必要关注孩子社会交往能力的发展水平，因为这一能力往往关乎孩子的生活品质。

♡ 如何提高孩子的社会交往能力

下述内容不仅适合小孩子，也适合成年人。想要提高社会交往能力，我们可以从读心能力的培养开始。

读心能力（"Mind understanding"），也可以叫心理理解或心理理论。指的是一个人对另外一个个体心理状态的一种理解，并且能够根据这种理解去预测他人的行为，但这种心理理解包括很多方面，比如包括知识、情绪、愿望等。

1. 肢体语言。孩子从4个月开始就可以读懂我们的表情，但到了三四岁，在表达性语言发展起来后，似乎这种能力慢慢被淹没，很多小孩显得特别没有眼力见儿，根本不在乎别人的感受，只考虑自己的需求。

比如在其他小朋友感觉身体不舒服或有什么伤心事时，我们的孩子常常不管不顾地拽着人家，或是非要跟人家分享一个玩具，完全不顾及同伴的感受，这种情况下就可能遭到同伴拒绝，于是同伴冲突就会出现。主要原因就是我们的孩子没有关注他人肢体语言的意识，没有考虑别人的心理需求。

亲子相处中也存在类似的问题。比如恰逢周末，父母疲惫了一周，正想利用周末好好休息一下的时候，我们的孩子却非要爬到背上来玩骑大马的游戏。此时遇到我们不想满足孩子的需求，恰恰就是我们给予孩子社会交往能力培养的最佳时机，而不应该简单粗暴训斥孩子不懂事的索求。

家长要有意识地把自己内心真实的一面传递给孩子，比如拖着一脸疲惫，面露难色，抱一抱孩子，或者摸着他们的头，拍一拍肩膀，也可以拉着孩子的小手。任何一种能让孩子得到安抚的动作均可以。

然后真诚地对孩子说"你看妈妈，看妈妈的脸，妈妈现在特别累"（爸爸也完全可以），"我现在非常累，走路的时候腿都发颤，我上楼梯时走路都这么慢，我这会儿真的不想跟你玩这个游戏！可以吗？等妈妈今天休息一个晚上，恢复了体力，明天再跟你玩。可以吗？"

如果孩子同意了，最好能再请他帮忙捶捶腿，作为对他善解人意的"奖励"。如果孩子拒绝，则可以继续"沟通内心的感受"，直到孩子明白大人拒绝自己的内在原因。

虽然这只是生活中的小事，但如果我们能够有意识地引导孩子关注别人的肢体语言，从外在语言推理别人的内心需求，那么日积月累，孩子的社交能力就会提高很多。

2. 依据喜好行事。即使在日常小事中，我们也要有意识的引导孩子能够根据别人的内心喜好，进行相处。让孩子在社交行为之前能够充分考虑别人的心理想法。

举个很小的例子：晚上在家里吃水果，盘子里有苹果、有梨，"宝贝儿，去给大家分水果吧"，如果孩子知道爷爷喜欢吃梨，能够结合爷爷的心理需求，特意选择爷爷喜欢吃的梨，那么这说明我们的孩子心理理解能力很强，随即也更易表现出较强的社交能力。

你也可以理解为孩子情商较高，"喜欢吃梨"作为一种个人喜好，就是一种心理特征，一种愿望，如果孩子考虑到了，就会有利于他做出适宜的行为。或者是孩子能够关注到，爷爷现在很渴，很适合吃酥酥甜甜的梨。这些都会促使孩子成功解读他人的内在，而不是盲目做出行为。

因此家长平时一定要注意引导孩子去理解做事情的理由，让孩子去做什么事情，要注意告诉他为什么要去做以及为什么要这样做。比如你让孩子给奶奶拿个苹果，你就可以说："奶奶特别喜欢吃苹果！"而不只是简单地说："去给你奶奶送一个苹果吃吧！"

在培养社会交往能力的过程中，越是对于年龄大的孩子，越是要告诉他们为什么做，这比单纯告诉他们做什么更为重要。

3. 假装游戏。不知道家长在家里有没有陪伴孩子玩假装游戏，有本书叫《游戏力》推荐给大家。家长在养育过程中最困惑的恐怕就是不太会陪伴孩子做游戏，难以入境，难以具备角色感，缺乏趣味性。

同样陪孩子玩卖东西的游戏，有的就能玩上半个多小时，父母询问、挑选、讲价、要求称重、包装等，让孩子各种思考应对；而有的家庭只玩上三五分钟就全程结束，特别干枯，没有生气。

在"假装游戏"中，会涉及很多思考，孩子有了预演和体验，再遇到这种情况时，他就会懂得如何跟别人沟通和交流。比如老师安排他坐在这个位置，如果他心里有想法，就会说"老师，我不喜欢坐在这个位置，我想坐在那个位置可以吗？"

这种脱口而出的思辨、灵动的沟通和请求其实都能在"假装游戏"里学到获得。如果你想培养孩子有礼貌、有公德心、乖巧、尊重人，就可以尝试在"假装游戏"里完成实现。

假装游戏，可以说是培养孩子社会交往能力过程中，最真实、最安全、最高效的训练营形式，而且父母唾手可得，非常便捷。

4. 魔性词汇。在社交培养中，有一些魔性（Magic）词汇，大家可以经常跟孩子一起使用。这些词汇也是基于发展心理学已有的大量研究。

如果你想提高孩子的社会交往能力，你就可以从孩子一出生开始，经常跟他讲这些词汇。这些词汇你跟孩子在一辈子的亲子相处中都可以重视和使用。到底是什么词汇？我们举个例子：到吃饭时间了，我们跟孩子说"宝贝儿，黄瓜可好吃了，快来吃吧"，这是一种交流。

如果加上魔性词汇要怎么说呢？"这个黄瓜看上去很不错，你想吃吗？你觉得它会好吃吗？你认为它的口感会怎么样？妈妈觉得它一定特别脆爽。"大家看出区别了吗？句子里加上了跟心理有关的词语：想、觉得、认为。这些就是魔性词汇。

这些词语一旦成为你跟孩子沟通的主要使用词汇，你会发现你孩子的社交能力会随之增强。为什么？因为"你想""你喜欢""你愿意""你认为"，这种语言直接引导孩子去关注自己的内心，习惯之后，他也会关注到别人的内心。内心关注到后，亲社会行为、成功交往便会更加容易实现。

所以我们会说，语言是思维的外在表达形式，而思维是语言的本质。如果你跟别人发出关注内心的问话，别人则更有可能跟你有比较好的沟通。

设想一下在外面就餐，小朋友跟阿姨要一张餐巾纸，孩子可以说："阿姨，请帮我拿一张餐巾纸。"这显然没有问题。但如果孩子说："阿姨，我想用一张餐巾纸，你可以现在给我一张吗？"效果明显不一样。

这两种沟通大家可以去对比一下，在实践中体会一下，感受一下，它们带来的完全不同的沟通效果。因为你会引导别人考虑你的心理感受，你也考虑到了别人的感受，沟通会更加精准有效，获得成功交往沟通的概率大大提高。

如果你经常引导孩子去说："你想跟我一起玩吗？你愿意咱俩一起玩吗？咱俩一起玩过家家，你觉得好吗？"多使用这些"**魔性词汇**"，这种小小的改变就能孩子带来很多改变。

人与人的社交，归根结底，就是心与心的交流。交流的前提就是彼此尊重对方心理感受和需求的理解和把控。

5. **睡前故事**。给孩子讲故事，也能提高他们的读心能力，通过讲故事我们可以让孩子明白一个人的行为背后是有原因的。

你会发现孩子会慢慢去理解一个人的行为，跟他的内心想法有很大关系。当看到其他孩子哇哇哭时，高能力的孩子会理解他是想干什么没干成或是因为什么才哭，那么这个孩子的读心能力就会比较强。

而低能力的孩子，可能就只是看到对方小朋友的哭闹行为而已，没有进一步的理解和共情，甚至有的小朋友会简单把哭闹的孩子归类为"不听话的孩子，不跟他学"。

6. **看图说话**。这可能小孩子经常面对考试的一部分内容，根据图片完成作文或是推理，并写出理由。

其实看图说话对孩子来说最简单的方式就是给他读绘本，有些家长对读绘本的理解可能就是照本宣科，念上面的字，或是引导孩子看看图画就可以。其实有时候成人的言语越多，越限制孩子的想象和思考，你完全可以让孩子自己翻开图，"胡说八说"一大通，或者让孩子当你的小老师给你讲故事。

不知道大家有没有给孩子读过《小黄和小蓝》这本书，是两个不同颜色的故事。我们给幼儿园 3 岁多的小朋友看这本书，他们第一次看这本书，根本不认字，可是问他图上讲的是什么事，他会说："他跟他妈妈吵架了，他要离开家了。"这跟绘本上文字基本一致，非常神奇有趣。

孩子能够从图里知觉出很多信息。不管是成人还是小孩子，对图有很多解读，而且很多时候是从心理层面进行解读，这就是为什么看图说话阅读绘本，能够在很大程度上提高读心能力。

培养孩子的社会交往能力，不能停留在口头上，需要父母从一言一行做起，事情虽小，意义重大。在养育中，理念都是高大上的，但教育实施却从来都是小而又小，细而又细的碎屑，细腻中流露出教育内涵。正所谓，文明是最有品位的内涵一样，沟通则是最有品质的教养。

第四部分

行为问题篇

关于孩子的问题行为，其实形形色色，不胜枚举。在谈论一个孩子的问题行为时，我更愿意把焦点关注在问题上，所以我更倾向于说是行为问题。对于任何一个问题，我通常从三个方面加以考虑：首先，是不是一种疾病？其次，是不是发展不足？最后，是不是养育问题？

第 21 章
抑郁边缘——可能是不良养育惹的祸

> **养育要点：** 小孩子频繁、认真、难过地会说自杀、不想活这样的话语，一定要引起重视，有时可能是孩子的精神心理发展出现了异常，有时也可能是父母的养育行为导致的结果。对孩子宠爱有度，管教更要有度，过于严厉的管教可能会让孩子走向孤独压抑的深渊。

开设教养咨询室的这十几年里，我接触了很多小朋友的家庭。起初，这些小孩子的父母来找我，都是本着解决孩子问题来的。可是后来，我却逐渐发现，父母的问题往往比孩子的问题更加严重，更亟待解决。和孩子相比，他们身后的父母才是最需要帮助和调整的人群。

在此分享的案例是我刚参加工作时接触到的一位妈妈，她的孩子并不在我们幼儿园，她是经过朋友介绍找到我寻求帮助的。这是一个 4 岁的小男孩，我一直没有见到过他本人，只是在他妈妈的手机里看了他的照片和一些视频资料。第一感觉，他真的是个很帅气的小男孩，白白净净，很讨人喜欢。他妈妈也是很有礼貌的一位母亲，大方得体，非常谦和，说话思路很清晰流畅。

妈妈讲到，儿子比较胆小，总喜欢黏着妈妈，在幼儿园里跟小朋友的相处比较一般，但也不会招惹是非，属于乖巧的那一种。妈妈来找我的主要原因，是因为最近她发现儿子在平时总会说一些死啊或者活着没意思的话，这种状况已经持续近半年。妈妈很吃惊，这么小的孩子怎么会有这么可怕的想法呢？还有就是，最近儿子会做噩梦哭醒，抱着妈妈不愿意独自睡觉。

妈妈非常担心，儿子的心理是不是出问题了？长此下去，儿子会不会小小年纪就抑郁了呢？或者说，孩子现在已经属于抑郁？于是她找到了我。根据妈妈的反馈，孩子除了说这些话语，并没有特别的表现，正常作息，吃饭睡觉也都属于正常状态，鉴于此，基本可以初步判断，孩子并没有真正患上抑郁症，但正如妈妈所焦虑的，长期濒于抑郁边缘的状态，势必会影响孩子的心理健康。

在我们的沟通中，妈妈讲述了孩子的成长环境。孩子爸爸在外地工作，大概半个月回家一次，每次回京都会陪儿子玩各种游戏，两人相处得非常好。所以，儿子基本上都是自己带大的，自己工作一直不错，现在也是单位的中层领导。自己跟爱人的关系也非常好，非常恩爱，互相体贴，能聊到一起，生活很幸福。

因为家里没人帮忙带孩子，所以有时会把儿子先接到单位待一会儿，然后再一起回家。儿子有时也会跟单位里的叔叔阿姨打招呼，还会跟有些年轻的同事玩会儿游戏什么的，大家也很喜欢她儿子，逗一逗玩一玩儿也是常有的事情。

从妈妈的描述当中，我们找不到任何原因。这看上去是一个普通而又幸福的家庭。儿子为什么会有要死的想法呢？我们继续详谈了很多孩子的事情，比如，孩子最近有没有接触到亲人死亡？有没有接触到一些恐怖的动画片或影片？等等。最终还是没有找寻到原因。

就在我们打算各自再回去整理一些资料，再预约第二次面谈时，我随意问了一句，您自己带孩子不累吗？爷爷奶奶或者是姥姥姥爷没有过来帮忙一

第四部分
行为问题篇

下吗？提到爷爷奶奶，妈妈说已经过世不在了；自己的爸爸也早已去世，只有妈妈在。姥姥偶尔也会帮忙带一带儿子，但只是在偶尔寒暑假的时候。

提到自己的妈妈，这位男孩的妈妈长长地舒了一口气，她说，"赵老师，您说小孩子会不会受我很大的影响呢？比如我的言行？"

我说，"当然会了，尤其你们家这种情况，你独自带儿子的时间长，儿子受你影响应该很大。孩子并不是非得你教他时他才学，很多时候在耳濡目染中，孩子会自动习得父母的很多东西，这里面包含你的心态，你的价值观、你说话办事的方式以及处理问题的办法等。"

听到这些，妈妈接着说，"赵老师，其实我一直觉得自己的问题也是很大的，也许大过我儿子的问题。没准是我让我儿子成了现在的样子。"于是，我们破例没有按照约定的时间结束咨询，而是重新坐下来，开始继续谈她的问题。

小男孩的妈妈告诉我，自己的妈妈从小对她非常严厉，让她最难受的是妈妈是个非常保守而且思想陈旧的人。比如，小时候不允许她跟男生玩，长大后考大学选择志愿时，她想学习播音专业，因为自己从小特别喜欢这件事情，可是妈妈却死活不同意，竟然为此打了她，坚决不允许她选择这样的专业，理由竟然是妈妈觉得播音专业是一个特别不正经的专业，女孩子干这个差事一定会变坏。

为了让自己更改志愿，妈妈还从大老远请来舅舅说服她，一见面，就跟舅舅说，这个伤风败俗的丫头竟然要学播音，学什么不好，非学这个。她说，自己当时羞愧难当，真是死的心都有。她不明白，一个亲生妈妈怎么会用这样的字眼儿对着外人来说自己的女儿呢？自己只是想选择一个自己喜欢的专业而已，妈妈说话太难听了，实在让她无地自容。

说到这些往事时，她情绪非常激动，突然大声哭起来。我递给她纸巾，她连忙说："谢谢，不好意思。"我说，"你不用总是这么客气，更不用总端着，你要放松自己。"后来，她还是依了妈妈，没有选择播音，而是选择了计算

有爱的管教更有效
儿童心理专家跟你一起养育孩子

机,在单位里负责数据分析和监控工作。她对自己要求很高,从来都是很严肃,不苟言笑,用妈妈的话说,女孩子就得一本正经的,不能让人笑话,不能打扮得花枝招展的,免得让人觉得轻浮。

后来结了婚,爱人是个知书达理非常宽容的人,妈妈也越来越认可她的生活。由于爱人经常不在北京,她自己承担了很多事情,不到万不得已,绝不麻烦他。她竭尽全力经营打理她们的家,她希望只要爱人一回来,见到的就是干净整洁的家,家庭琐事她几乎都是一人承担。

就是这样一位母亲,尽管她厌恶愤恨当年母亲的一切,但却又难以挣脱母亲的教诲和影响。在回顾自己跟儿子的相处时,她惊奇地发现自己会情不自禁、无法抗拒地地仿效母亲,把自己母亲当年设置的一些条条框框,稍加变异,照搬给了儿子。

这是一种很"奇怪"的现象,它让我们不得不感叹模仿和示范的作用。如同,一个从小被父母暴打的孩子,尽管自己年幼时很愤恨父母的做法,但是往往在自己为人父母以后,也会沿用暴打来教育自己的孩子。

这说明,我们的很多行为,尤其是在年幼阶段,尚不能受到道德或是是非观的影响时,即使厌恶、明知某些行为是不好的不对的,也仍然会去做。已有研究结果指出,儿童暴力行为的出现和他们是否接触暴力有关,接触了暴力的儿童更有可能出现暴力,儿童暴力出现与否跟成人是否告诉他不应使用暴力没有任何关系。也就是说,一旦接触便会模仿。由此可见,父母在孩子童年阶段的言行是多么的重要。

妈妈接着说,尤其有时考虑到他是个男孩子,我对他的要求就更严格一些,似乎非要把一个小男孩逼成一个男子汉似的。比如来我单位,同事喜欢跟孩子玩闹一下,我回家便会教导儿子,不能随便跟人说话,不能打搅别人的工作,别人给东西不绝对不能吃,不能活跃不能淘气,现在想想,自己对儿子的要求多得数不过来。

我插问,"你和你妈妈现在的关系好吗?"她说,"挺好的,她现在看起来很慈祥，好多事都听我的，我觉得她还是很爱我的。有时我觉得，以前的妈妈跟现在的妈妈，根本就不是同一个人。可是，怎么说呢，我感觉妈妈当年的伤害已经深深地烙在了我的心底，成了一个很大的疤，即使愈合了，现在也会时常感到痛。"

我接着问，你都要求儿子什么呢？能说得再具体一些吗？她说，凡是我觉得男孩子应该有的，我都会灌输给他。比如要独立、勇敢、不怕疼、有担当等等。我接着问，那你都是怎么让他做到呢？她说，通常都是日常生活中讲给他听，也会在生活中鼓励他。儿子很听自己的话，有一般小朋友没有的自控力，比如吃糖或是看到自己喜欢的玩具，只要我不同意，都能忍住不吃不要，不会随便哭闹。目前，我正在训练他独立睡觉，家里虽然就我们两个人，但是我也坚决让他自己一个人睡，说一不二，我觉得既然到了这个年龄就要这样做了，如果我轻易心软答应他，我担心他以后就不能成为一个真正的男子汉。于是他有时自己睡觉害怕，我会跟他说男子汉就要勇敢什么的，他很多时候都能听，就自己睡了，但现在会从梦中惊醒，哇哇大哭。

我问她，"你觉得这样好吗？"她说，"一开始觉得挺好的。可是，尤其是今天，突然觉得不好了。"我问"为什么？"她说，"赵老师，您见过很多孩子，刚才也听您说了一些孩子的趣事，我突然觉得我儿子现在不快乐，他不像一个小孩子，被束缚太多，活得太沉重太严肃。"说到这些时，她眼里还残留着一些泪水，但表情已经平静了很多，也多了些许母亲特有的柔美。

我就坐在那里，看着她，对她微笑。她深吸了一口气，对我说，"我觉得好多了。我没想到自己这么信任您，这些压在我心里好多年的话，终于说出来了。"我说，"其实你需要信任更多的人，包括你的爱人和同事。你儿子的问题，你知道该怎么做，不用任何人教你。你调整好自己，自己放松了，儿子才能放松。简单地说，你好了，你儿子就好了。也许，你们的生活没有任何问题，儿子只是太不放松了，他太受压抑，他有权利享受孩子特有的疯

177

狂和耍赖，不是吗？你可以尝试一下，看一看，观察一下？

在以后的半年里，我们每个月联系一下，陆续知道她的改变。她说，我每天都跟儿子拥抱；我有时会多给他讲一个故事；我穿了花裙子了，儿子说妈妈很漂亮；我开始跟同事有说有笑，也会跟他们一起聚餐；我会让爱人跟我一起做饭，我们比以前更亲密了。

听着她每次的消息，我仿佛看到一个羞答答的小姑娘，逐渐长成一个成熟大方漂亮的中年女性，她逐渐放开了，儿子也没有之前那么紧张了，那些消极怪异的想法竟然不翼而飞，不再出现。

教养孩子的过程中，当孩子出现任何行为异常，有时你可能先要审视一下自己给孩子营造的家庭氛围，是轻松愉悦的，还是紧张压抑的？有些不当的氛围无异于暴力，而且是极其隐形的，不易被察觉，这种氛围比传统暴力中的打骂对孩子身心伤害可能更大。

作为父母，你自己是否已经心智成熟？你的羞怯、压抑、紧张、焦虑，是否过度感染了孩子？

第 22 章
撒谎欺骗——谎言是孩子成长的标志

> **养育要点：** 孩子一出现撒谎和欺骗行为，父母们就会很紧张，担心孩子的道德问题，由此便会立即想要制止和管理孩子的不良行为。而实际上，谎言和欺骗恰恰是孩子心智成熟的必经之路，也标志着孩子的成长。

孩子并不是一生下就会说谎，而是随着年龄的增长，随着生活经验的丰富，逐渐学会了说谎。1岁以后，孩子们的表达性语言开始迅速发展。大约3岁时，孩子就已经"精通"母语，他们可以准确娴熟地表达自己的需求，并且和成人进行顺畅的沟通交流。与此同时，孩子的谎言（指和事实不符的表达）也开始出现。到学龄时，孩子的谎言可以达到"登峰造极"的地步，有些孩子会在说谎时面不改色，而且会用各种方法来圆自己的谎言。到年龄更大时，人们在生活中还会使用白谎（即善意的谎言）来进行社会交往。

尽管都是在说谎，但不同年龄段的孩子，其谎言行为却有着本质上的区别。有的撒谎构成了欺骗，有的则不是欺骗，并不是孩子所有的撒谎都是真正意义上的欺骗。4岁以下的儿童还不具备区分自己和别人具有不同心理信息的能力，他们认为别人和自己知道的事情是一样的。在这种心理水平上，孩子很难具有真正意义上的欺骗，因为欺骗的前提条件就是个人必须清楚自己知道什么而别人不知道什么，这样才能实施成功的欺骗。换言之，4岁以后孩子的谎言才更有可能构成真正意义上的欺骗。

任何人的欺骗都有其背后的原因和动机，孩子的谎言也不例外。2~3岁孩子的"欺骗"行为是实用性欺骗。孩子们在撒谎时只是希望满足愿望，但并不想操纵他人的信念。在实用性的欺骗里，孩子对于自己的欺骗不会感到羞耻，也不会感到歉意，更不会修正其行为。比如孩子不小心打碎了杯子，当成人询问时，孩子会说不是自己弄坏的。此时孩子的谎言只是为了避免受到惩罚，而不是有意改变成人的想法。

除了实用价值，3~5岁孩子的谎言往往和他们的想象力有关。比如有次，我随意问3岁半的孩子："今天几号？"她说："13号。"我说："你怎么知道？"她说："因为今天我是值日生，帮所有小朋友发餐具，提醒小朋友洗手，明天是14号，雯雯该当值日生了！"鉴于她说得那么具体，我向老师进行了求证，结果发现孩子在"撒谎"。孩子之所以这么"撒谎"，完全是因为她太想当值日生，太羡慕班里的哥哥姐姐能担当这个角色。当某种想法过于强烈时，在孩子那里就极有可能产生幻想，在他们的意识里想象变成了现实。这时尽管孩子撒了谎，说了一些与事实并不符的事情，那只是因为孩子很难抑制自己的欲望和优势反应，而不是达到骗人的目的。

因此面对孩子这样的谎言时，我们不能把它等同于一般意义上的谎言。对于孩子的谎言我们没有必要批评，我们需要从中获得的是通过孩子的谎言，我们知道他们正在渴望着什么。此时，孩子的谎言彰显的是他们丰富的想象力和流畅的语言表达能力。

到了6岁以后，大多数孩子的说谎行为并未随着年龄增长而随之增长，反而有下降的趋势，这是因为在发展过程中，孩子欺骗行为除了受到本身社会认知能力日趋成熟的影响之外，个体社会化和适应环境的过程也对欺骗行为的发展产生重要的影响。比如孩子需要协调道德行为和道德准则，随着年龄的增长自我的发展，个体更倾向于表现出更多的自我赞许（说实话）和更少的自我反对（说谎），而这也正是个体习得自我调节所必要的条件。

然而当孩子在6岁之后，出现更多主动性欺骗行为，也就是真正意义上的欺骗时，就必须引起我们的关注。因为孩子一旦染上撒谎的坏毛病，便会形成编造谎言的思维方式，长此以往，很难改正。

当我们发现孩子说谎时，首先要做的就是分析孩子说谎的原因。任何人说谎都有其目的性，想要通过谎言遮盖事实真相。当孩子对事情的后果感觉到非常害怕，或是感觉到恐惧压力时，他们会很自然地使用谎言。一个生活在谎言里的孩子是非常可怜并值得我们同情的。想让孩子不说谎，关键是创设出让孩子能讲出事实真相的宽容环境。

在鼓励孩子不说谎、说出事实时，我们就要格外注意询问时的技巧，要尽量让孩子明白我们并不仅仅要分清谁是谁非，然后给以处罚，而是一定要知道事情的真相。比如询问时，为了能让孩子尽可能诚实地说出事实，成人最好将"是谁干的？"这样的问话，改成"孩子，告诉我，到底是怎么回事？发生了什么事情？"将孩子的注意力引到事情发生的过程上来，孩子就不会因为害怕承担责任而撒谎，孩子才更有可能说出事情的真相。

根据上述年龄发展特点，在孩子最初出现撒谎时，成人不必过于担心，那是他们发展的必经阶段，但不可不重视。在孩子出现这样的情况时，要让孩子知道说了和事实不符的事情是不好的，可以进一步告诉孩子这样做的后果是什么。比如拿了别人的东西，别人会伤心；每个小朋友都从幼儿园装东西，幼儿园就没玩具了等等。切忌不要在这个时候为孩子扣上"撒谎"和"欺骗"的帽子，这样不仅会让孩子尴尬，还可能会强化他们的负性行为。

如果来自家长的管教过于专制，往往使得孩子不敢和父母说实话，最终让孩子习得只有撒谎才能避免家长的"惩罚"，才能和父母友好相处，得到赞赏。我们建议家长在日常生活中要重视身教，在自己犯了错误时，能够勇敢面对，幽默处理，真诚解决，对孩子才是最好的教育。在这样的家庭环境中，孩子会明白不用撒谎，不用逃避，问题往往能得到更好的解决。这样的坦荡敢于担当的品质会让孩子受益一生。

第 23 章
偷拿东西——巧妙地纠正孩子

> **养育要点：** 很多时候孩子的偷拿是无心之举，或是难以控制自己的占有欲。此时若严加管教，极有可能让孩子感到羞耻，进而产生逆反，增加偷拿的频次。讲道理和巧妙提醒才是解决孩子偷拿行为的有效方法。

孩子喜欢把自己喜爱的东西装进口袋里，带回家。这些东西也许是别的小朋友的，也许是幼儿园里的，还可能是公共场所捡到的。这样一来，家长一是担心孩子会不会因此喜欢偷拿别人的东西；二是觉得什么东西都装进口袋里很不卫生。

面对这样的事情时，最好能先从孩子的喜好来谈。孩子喜欢的东西很多是我们想不到的。我的孩子就曾经把幼儿园里的两小块儿地胶装回家。因为白天老师跟他们讲了些铺地胶的好处，孩子就认为这是好东西带回了家。

听一位朋友说起，一个小女孩特别喜欢吃奶奶做的炸鸡翅。于是就在睡觉前，趁大人不注意时把鸡翅直接装进自己的睡衣口袋里。过了好几天，奶奶闻到房间有臭味儿，找来找去才发现已经变质的鸡翅掉到了床下面。

父母最好能在每天睡觉前，仔细检查孩子的口袋，以便"监控"。如果是在白天，可以以整理衣服等为由，看孩子身上有没有携带不安全的东西。如果有好几个孩子在场，或是在幼儿园的集体环境里，成人最好以"拥抱"的方式检查一下所有的孩子，这样做不会伤害个别孩子的自尊心，又能时刻了解所有孩子的情况。

一旦发现孩子带回一些属于别人的东西，也不用过于着急。因为孩子这个时候的拿显然是和有意识的"偷"有很大区别。这个时候，孩子往往自控能力弱，看到自己喜欢的东西就想据为己有，玩着玩着就以为是自己的然后顺手装进口袋，他们甚至分不清什么是集体的什么是个人的。如果一再用语言批评，会强化孩子偷拿的行为。

家长最好发现东西后，问问孩子东西的好玩之处，对他的喜欢表示理解，让孩子知道，爸爸妈妈知道他很喜欢，也很想把东西放在自己家里，但是要明确告诉孩子这样是不可以，并说明原因（比如别的小朋友就玩不到了等）。之后，最好能和孩子一起把东西送回原处，不要让孩子感觉到尴尬，只要让他明白行事规则就可以。

如果是一些地上捡的"垃圾"残缺物品，要及时告诉孩子危险性和不卫生，要说得具体些，孩子才会更愿意接受大人的建议，并舍弃他们认为的好玩意儿。

第 24 章
出现脏话——孩子的脏话有时并不脏

> **养育要点：** 孩子大多数说脏话是因为模仿、从众和好玩，淡化处理是消除这种行为的最佳路径，也是短期内最有效的方法。成人的良好示范，以及教会孩子对身边行为进行甄别判断则是孩子良好言行的长期保障。

有些小朋友在一段时间内，很喜欢说一些脏话，家长很是困惑，家里从来不说脏话，孩子的话从哪里学来的？会不会有严重后果？要不要制止？怎样改掉孩子说脏话的习惯呢？

从表现上来看，学龄前孩子的脏话很多都是和"屁""屎"这些词语有关，比如孩子们特别喜欢说"你这个臭屁屁！""你是个臭粑粑！"等等。这个时期，孩子的词语多是和排泄物有关。当然有些孩子也会从成人或是媒体那里模仿来一些话，诸如"他妈的"等等。曾经就有一个小朋友，嫌自己的头发太乱了，对着镜子嘟囔着"他妈的"，表情很是不满。这时大人很惊讶地问："大清早的，你怎么骂人呀？"没想到孩子还振振有词："我没骂人，我骂的是头发，头发又不是人！"家长本想教导孩子一下，没想到却被孩子的话给噎住了。此时孩子的脏话和反问，都表明他们开始喜欢幽默的语言文字游戏。

家长还会发现，孩子在说这些脏话时，很多时候并不是真的有什么恶意，他们只是觉得好玩，一群孩子说了这样的话，他们自己随后还会哈哈大笑，觉得非常过瘾。比如，几个小朋友聚在一起，大声说着"谁放了一个大臭屁！我们放了一个大臭屁！"说的时候开心得不行。对于孩子说的一些话，如果无伤大雅，父母不必过于在意，过段时间就会自然消失。如果父母觉得实在难以忍受，或是感觉到孩子在一些情境下做得已经非常不好了，就可以直接告诉孩子，"你说这样的话很没礼貌"，或是告诉孩子，"你这样说让别人很不高兴，很难过"。孩子便会了解说话也是有原则和场合的，逐渐就能表现出适宜得体的言行。

其实，在成人的一些潜意识里，有时也会觉得在朋友面前说几句脏话，本质上是一种真实的体现，只有感觉和朋友在一起很放松，大家关系非常好时才会如此表现。

第 25 章
乱发脾气——首先要拥抱发脾气的孩子

> **养育要点：**别再对一个乱发脾气的孩子进行说教，也别再让他们自己冷静反思，一个正在发脾气的孩子，实际是无助的可怜的个体，此时孩子最需要的是在爸妈的怀抱里平息躁怒的情绪，进而学会调控情绪。

儿子俊鹏（化名），今年 4 岁，几乎每天都要发上三四次脾气。俊鹏发脾气的原因也很多，有时因为衣服没穿好；有时因为自己的画没画好；有时因为他在玩耍时父母叫他去吃饭；有时想玩别人的玩具，别人没给他玩。最让俊鹏妈妈尴尬的是，一次带他去超市买东西，俊鹏对那里的玩具和食物，见什么拿什么，都要买回家。不管妈妈怎样劝说，甚至妈妈退让，允许他选择自己最喜欢的几样东西买回家时，俊鹏还是不依不饶，一定要买所有的东西。看到儿子在大庭广众之下大哭大闹，不顾一切地在地上打滚时，妈妈感到很尴尬。无奈之下，和孩子的爸爸一起，连抱带拽地把儿子拖出超市，活生生地用武力进行了解决。去了一趟超市，全家闹得特别不愉快。

生活中，和俊鹏一样的孩子还是比较多的。发脾气的频次高，表达方式也很激烈。这样的孩子天性非常敏感，对环境变化，甚至是皮肤接触到了不同材质的衣服都会表现出很大的不适应。面对这样的孩子，家长需要了解孩子自身的发展特点，帮助孩子学会控制情绪和行为，做到适度调整自己的情绪，不乱发脾气。

从妈妈带俊鹏逛超市这件事情来看，造成孩子大发脾气的最重要的一点就在于妈妈对儿子的要求远远超出了孩子的自身能力，也就是说，妈妈希望儿子能抵制住琳琅满目的商品的诱惑，但对于4岁的孩子来说这太难了，孩子的自我控制能力远远没有妈妈希望的那样强。有的家长为了避免这样的尴尬，甚至从来不带孩子逛大型超市，人为地让孩子远离诱惑。显然这不是最好的方法。

因为很多时候，被压抑了太久的欲望一旦发泄出来，家长会觉得孩子的购买欲更加无法控制。最好的方式是在去购物之前，和孩子一起制定需要购买物品的清单，还可以和孩子达成约定，每次购物只能买一件最喜欢的东西，如果做不到，孩子就会失去和父母一起购物的机会。

大多数孩子，在有了之前的心理准备和约定之后，都会尽量遵守。即使过程中有反复变卦耍赖的迹象，只要父母能够坚定立场，就能够更加轻松地说服他们。在孩子遵守了规则之后，尤其是经过很大克制才实现的时候，父母就要明确给予肯定，并表示下次还会再带他们来，这样有助于孩子日后继续表现出适宜的行为。

当孩子是因为没有做好一件事情而发脾气时，往往是由于这个时候他们很有挫败感。如果再加上孩子的语言表达能力不是很强，他们就不能很好很及时地把自己需要帮助的要求表达出来，会容易感到孤独无助，由于无法忍受在失败时不能表达的痛苦和失落，所以只好用愤怒进行发泄。这时，家长最好能够用语言、拍拍肩膀或是抱一抱等方式安慰一下孩子，引导孩子表达出自己的负性情绪。在孩子情绪好转后，跟孩子一起找出失败的原因，把孩子对结果的关注转移到对过程的关注上来。这样不仅能防止孩子乱发脾气，还有助于他们日后独立地进行问题分析和解决。家长切忌不要过多和孩子争辩或是指责，因为这个时候孩子根本不想认识自己的错误。

很多时候孩子的脾气是学来的。由于父母教养的不一致性，孩子很容易就知道发脾气是达到目的最好的方式。因此父母需要认真确定哪些问题是需要立场坚定的，哪些是不需要的。比如家长认为孩子饭后吃点冰激凌没什么不好，就最好在孩子发脾气之前表示同意。因为如果你是在孩子发脾气之后才同意孩子吃冰激凌，那么孩子就会觉得发脾气是个能吃到冰激凌的好办法。

孩子偶尔发一次脾气，并不是什么大事，因为孩子也难免会有情绪不好的时候。大多数孩子发脾气多是由于疲劳或是饥渴引起的。因为孩子在日常生活中，尤其在玩耍过程中，常常会因为过分投入，而忽视自己的生理需要，造成莫名其妙的心情不好。这个时候家长需要忽略孩子发脾气的表象，直接解决问题就可以，比如提示孩子去喝水、吃东西或是休息。

随着孩子年龄增长，孩子就要学着用语言调控自己的情绪，就像我们成人也会自言自语来安慰自己一样。但如果个体语言表达能力弱，就会失掉这种有效的自我控制和自我安慰的方法。

第 26 章
沉溺游戏——不要让孩子的生活电子化

> **养育要点：** 没有父母的提供和给予，孩子就不会电子产品成瘾。管教孩子之前，先要制定家庭电子产品的使用规则，为孩子安排更加丰富的游戏活动，孩子终究会选择真实有趣的游戏，而不是虚拟的电子产品。

心理专家认为，电子产品可以作为早教工具，但却不能替代早教本身。虽然电子产品上有许多有趣的游戏和精美的软件，但是如果使用不当，也可能出现一些负面的影响，家长们需要理性对待。

♡ 影响情感表达，出现交流障碍

因为电子产品中的画面都是比较夸张的表情以及动作，孩子从中习得的是同样夸张的表达方式，缺乏真实生活中人与人之间情感的细腻和敏感，所以与人沟通时就会出现情感表达的偏差。当孩子被"电子化"后，就会削弱其对外部世界的认知能力，因为这种情况可能会造成孩子出现表达障碍，影响幼儿健康情感的培养。最后变得孤单、寂寞，甚至会出现抑郁状态。家庭中亲子关系也很难建立。

儿童在1岁半到2岁时处于语言发展的关键时期，使用电子产品这种"人机交流"的方式，削弱了孩子和其他人面对面沟通的技巧，易导致语言发育迟缓。当孩子长期处于电子屏幕的刺激中时，就会削弱他们面对真实世界的能力，也会使一些孩子在与人交流过程中出现障碍，甚至变得胆小怯懦，语言沟通和表达能力下降。

♡ 懒得去思考，影响注意力发展

过早专注于图示化的电子产品，可能会对孩子日后的文字学习造成障碍。长时间专注地看电子画面，会影响幼儿注意力的发展。屏幕上信息瞬间万变，触屏式的操作较快，往往孩子还来不及想一想，接收的信息还没有被"消化"，就进入下一个画面，时间长了，孩子会懒得去思考问题，可能会失去思考的能力。

♡ 限制想象力，扼杀创造力

电子产品有图像、声音，色彩鲜艳，确实容易引起孩子兴趣，但这些电子产品都是平面的二维图像，可能会让孩子缺失了视觉以外其他感官实践的机会。早教过程中如依赖电子产品，可能会削弱孩子对立体空间的认知，很难构建深入抽象的思维，并扼杀孩子的创造力。

因为，电子产品虽然会给孩子讲标准的故事并配以精美的图案，但限制了让孩子自己去想象的空间，而家长带有感情的讲故事书，则可以有情感地交流并留给让孩子尽情想象的空间；游戏虽然很好玩，里面的动物很可爱，但是没有大自然中的小动物有触感和空间感。再如中国传统的七巧板，可以锻炼孩子的空间智能和抽象思维能力，但是通过屏幕触摸与真正拿起七巧板拼插，仍然有很大的差异。

♡ 做事没有耐心，容易暴躁冲动

由于电子游戏总是使孩子得到即时的快乐和满足，如果失败就可以马上重新再来。长此以往，会导致孩子对所有的事情和人都明显没有耐心、容易暴躁冲动，很难坚韧、执着地去做一件事情。如上学后，就很难为了一个目标，如一个远大的理想、期末考试考好，而忍受眼下的枯燥学习。

当宝宝已经呈"电子化"状态，手机、iPad 成为他们的亲密伙伴时，你可以有以下的解决办法：

1. **不要替代品，用心陪伴你的宝宝**。在孩子的养育和教育中，物品本身并不是重点，真正需要关注的永远是亲子关系。家长不应图省事，随手把手机或是 iPad 这样的电子产品抛给孩子当玩具，这并不利于孩子成长。

而最佳的方法就是用心地陪伴孩子，了解他们的喜好和需要，增加和孩子的互动活动，多花时间陪孩子聊天、运动，带孩子去户外走走，家长和孩子之间会建立良好的亲子关系。千万别为了解放自己而害了孩子。

2. **转移注意力，丰富生活内容**。找一个比电子产品更好的东西推荐给孩子，如图书、玩具、和小朋友一起玩等，让他们知道还有很多事物和游戏比电脑或手机更有趣才是解决之道。

因此父母要尽己所能地为孩子创设丰富的生活环境，分散孩子对电子产品的注意力。如在小区里联合同龄的孩子帮助孩子发展好友关系，以增强协作能力和社交能力，让他从游戏中走出来。

3. 制定规则，培养自控能力。对于玩电子产品已经上瘾的孩子，家长不能强行没收孩子的东西，这样容易造成亲子矛盾，不妨与孩子商量，制定规则，约定时间，这样才能让孩子自愿接受，让孩子形成自然而然的约束感，养成好习惯后就会成为孩子自律的一部分。

如果孩子一旦超过事先约定的时间，则明确告知要从下次玩耍的时间里扣除或者拒绝他们下次玩耍的要求。对于较小的孩子，自控力比较弱，可在其玩耍时，及时提醒时间，如"还剩下几分钟就到时间了"，给孩子心理上的预知。

4. 以身作则，降低孩子的欲望。作为父母，自己的生活方式需要丰富和健康。孩子生活方式是环境的产物，如果和孩子生活在一起的成人过分迷恋电子产品所提供的虚幻世界，那么孩子受其影响也是必然的。

所以，家长们应该以身作则，自己不当着孩子的面玩电子产品，为孩子树立榜样。尽量减少家里的电子产品数量或很好地将它们隐藏起来，不让孩子看到，就会降低孩子玩电子产品的欲望。

5. 拒绝交易，不用奖励刺激孩子。一定不要把电子产品作为"交易筹码"，比如"吃饭就给你玩""睡觉就给玩"之类的。

家长们不应该用玩游戏这样的奖励来激发孩子去做本来就应该做的事情。

经常用这种交易的手段来刺激孩子，会使孩子逐渐产生做某件事情的目的是为了得到玩游戏的奖励的错误认识。这种观念一旦形成，孩子将不会再从自身产生强烈的动力去完成某件事情，而完全依赖奖励欲望。

6. 不攀比跟风，选择适合孩子的。要根据孩子的年龄特点和心理特点购买电子产品，而不是出于攀比和虚荣，更不是跟风和无条件满足。

不同年龄的宝宝，其认知能力及兴趣焦点都有很大差异，因此，在软件的选择方面，家长应考虑自己宝宝的接受能力及个人兴趣。选择游戏时，多挑一些寓教于乐的益智游戏，避免玩画面过于血腥恐怖和激烈的对战的游戏。

每个年龄段的孩子，都有不同的学习需要，而知识的学习要以身体的发展为基础。所以，在使用电子产品时，针对各个年龄段的孩子需要严格控制时间，并为他们安排适合本年龄段的游戏和学习的方法。

0~3岁

最好不接触电子产品，但可以偶尔给宝宝看自己和家人的照片或者视频。

此年龄段的孩子，其大脑需要在真实的环境下，才能健康地发育。比如学爬行、走障碍等活动不仅能锻炼宝宝的身体，更多的是让他在立体环境中感知真实的三维空间。孩子需要触碰、感觉、观察和移动真实事物，用对真实世界的基本了解，训练他们的神经和认知系统。

因而，在这个阶段，应该给孩子无微不至的照顾，如抱、举、亲吻、与孩子说话等，都是在身体和语言上与孩子进行互动交流。可为孩子准备色彩鲜艳、质地柔软且安全的玩具，并与孩子一起玩耍，多开发玩具的功能，如小汽车也可当作障碍物，让宝宝迈过去等。

3岁至学龄前

少接触电子产品，可以安排充足的户外活动。

3~4岁是训练孩子记数、思维能力的最佳时期。在这个孩子能力迅速增长的时期，如果父母想让孩子更多地学习知识，购买专业出版社出版的认知小读本是最好的选择。在家长给孩子讲故事的过程中，孩子可以一边听一边思考，一边问问题，家长可以在回答问题的过程中，与孩子建立亲子关系和互动交流，且更不易伤害眼睛，这些都是电子产品无法替代的。

学龄前儿童的生活应尽可能地丰富多彩，尤其是充足的户外活动，各种需要动手操作的、能促进人际互动的活动。如跑步、踢球、滑冰等都是不错的选择，这样可以锻炼四肢和身体的平衡。另外，让孩子们唱歌、画画、跳舞、做手工，都能够达到开发智力的作用。这个时候，和小伙伴们一起玩，还可以让孩子学会协作和分享。

第 27 章
磨蹭拖延——不仅仅是个坏毛病

> **养育要点：** 不仅小孩子容易出现拖延磨蹭，即使是成人也具有这个特点，但你需要知道这绝对不是一个小小的毛病，可能是提示着这些个体在认知发展中存有不足，需要进一步调整和训练。

常有家长抱怨孩子做事磨蹭拖延，真是看在眼里急在心里。甚至有的家长认为"养儿如修行"，不断打造自己的耐心，把能够心平气和接纳慢吞吞的孩子，当作是自己为人父母不断成长的标志。也有的家长采用了"眼不见心不烦"的策略，主动回避孩子的"磨蹭拖延"，尤其是很多爸爸，充分认识到自己缺乏耐性，主动弃权，把需要耐心的养育工作全部交由妈妈处理，完全假设"雌性动物具有过人的忍耐力，妈妈容忍孩子的磨蹭具有先天的优势"。由此，妈妈们开始哀叹"丧偶式"育儿的感慨和抱怨。

爸爸妈妈们之所以有这样的反馈和处理方式，很多时候是将孩子的"磨蹭和拖延"想得过于简单：只是粗浅地认为这是一个坏毛病而已，会尽量帮助和督促孩子改正。同时，还会过渡地归因于孩子的习惯养成、个性特点等因素，正是基于这样的认识归因，父母们便会想法设法让孩子"改掉坏毛病，养成好习惯"，或者是消极应对，尊重孩子的个性特点，弃之任之，不为难彼此。

但其实，孩子磨蹭拖延绝不仅仅是个小小的坏毛病，背后可能蕴含着孩子在很多方面的发展存在不足，比如能力、情感或认知。对于孩子的拖延磨蹭，我们只有进行了精准的诊断，后续采取的支持方法才能有效，否则极有可能方法无效，更有甚者，不仅没有解决"磨蹭拖延"的问题，还引发了诸多更加难以应对的新问题。

比如，有的家长面对孩子的磨蹭拖延，十分不惜力，反复讲道理、勤鼓励、不断教育，却引来孩子的反感叛逆，认为父母非常啰嗦唠叨，不懂自己，频繁的催促招来各类亲子冲突，孩子顶嘴，父母愤怒。

下面，我给大家提供几种可能的原因以及相应的策略方法，也许你的孩子属于其中一种情况，或者是多种原因的综合体：

1. **孩子实践做事的能力比较弱**。有些孩子磨蹭拖延，并不是故意的，而是他能力确实偏弱，根本不能胜任当下的事情。比如家长急着要出门，要求孩子自己穿衣服，可孩子却一件外衣穿了好长时间，扣子不能对应，钻不进扣眼儿等。所以孩子的衣服最好是熟悉的，简单容易穿的，不要盲目为了追求帅酷美，不考虑孩子自己的自理，只有平时让孩子多做事做练习才能带来能力上的提高，家长一定要注意不包办多放手，把关注点放在平时，而不只是在关键时刻再严格要求孩子，更不可以粗鲁地训斥孩子，否则孩子不仅做事更慢，心里还会特别委屈。

2. **孩子在认知思维上缺乏计划性和程序性**。有的孩子表现得跟一个小迷糊似的，丢三落四，想起这个忘了那个，做一件事情需要很长时间。这种情况多属于认知发展范畴，而不是个性习惯，需要家长平常多跟孩子一起制定计划，先做什么后做什么以及怎么做才最优。如果孩子年龄小，就多用图画或是现成的小贴纸代替文字，便于孩子理解记忆。最初家长陪着孩子一起实际做几次，比单纯的口头教授效果更好，因为操作过的事情孩子更能印象深刻，逐渐内化成自己的计划能力。也可以做一些走迷宫的小游戏，让孩子练习筹划。在这一点，父母的示范作用尤为重要。有些家长终日慌乱随意，导致孩子也是胡乱做事。家长只是看到了孩子的磨蹭拖延，却看不到自己的杂乱无章。

3. **孩子认知理解不足没有建立良好的时间概念**。在个体认知发展过程中，从时间理解的发展来看，6岁左右时，孩子都很难理解1个小时到底有多长。所以说，孩子对分钟、小时这样的时间表达的理解往往模糊不清。家长可以在日常生活中让孩子逐渐体会时间的概念，告诉孩子，你吃一顿大概需要半个小时，一集动画片是15分钟。跟孩子交流时，具体告诉孩子你现在还能做什么，这样孩子就会合理选择要做的事情，而不是迷糊在抽象的时间数据里。在多次的经验累积的基础上，孩子才能建立越来越精准的时间概念。

4. **孩子在社会情感上缺乏对当前事物的兴趣和热情**。任何一个人，只有对当下从事的事情充满兴趣和好感时，才会提高效率。比如带孩子出去野营，他们会迅速出门。但如果带他出去练琴，可能总是磨蹭时间，虽然家长讲过很多遍道理，你练完半个小时就可以玩儿，或者是你弹完哪些曲子就可以休息，但孩子还是会拖延时间。这时尽可能让事情变得有意思一些，尤其是进行一些枯燥重复的事情时，孩子不仅需要成人陪伴，还要尽可能增加趣味性，比如每练完一曲，就拥抱或是击掌一下，戴着喜欢的面具弹琴等等。

5. **孩子可能在心理上中了追求完美的魔咒**。有些孩子对自己要求很高，总想做到最好。稍有不满意就要重来，常常纠缠在一件事情上不肯放手。这样孩子有可能慢工出细活，但长久下来却会容易压力大，做事效率低，也很难跟别人协调合作。平时要注意引导孩子多交朋友，丰富孩子的生活内容，多讲笑话，培养孩子的幽默感，让孩子懂得权衡，凡是不是追求最完美，而是在有限的时间和条件下，做到最优最好即可。

面对孩子的问题时，不可以想当然，一定要用心观察，多维度进行寻源诊断论证。磨蹭拖延不仅仅是个坏毛病，极有可能是孩子的各种认知发展没有跟上，心智思维发展上的不足更要引起重视。就像孩子发脾气不一定是心情不好一样，极有可能是身体里有潜存的疾病和不舒适引发了坏情绪。所以，小毛病背后隐藏的可能是大问题。

第 28 章

害羞内向——不过是我们的假想而已

> **养育要点：** 不要轻易为孩子贴上害羞内向的标签，因为他们可能并不是这样的孩子。想要孩子大方得体，就要注意营造轻松的氛围，让孩子明白哪些行为是为了表达美好，而不是向别人证明自己多么可爱。

所谓内向，在心理学上是指气质中指向性的一种，当人的言语、思维和情感常指向于内者为内向。艾森克个性问卷对典型的内向性格描述为：安静、离群、内省、喜欢独处而不喜欢接触人。保守，与人保持一定距离，除非是特别亲密要好的朋友。内向的人倾向于做事有计划，瞻前顾后，不凭一时冲动。日常生活也比较有规律，表现为严谨、遵循伦理观念、做事可靠。这些人很少进攻行为，多少有些悲观、焦虑、紧张、易怒和抑郁，常会睡眠不好。虽然问卷有了如此具体详实的描述，但是可能会让现实中的人们更加难以分清，什么是内向？因为除了外在的表现和评价，内向有时还属于自我概念的范畴，即个体对自身的主观认识。

内向与否，属于个体心理社会性发展的范畴，包括个体对自己以及他人行为理解的变化。根据艾里克森的观点，社会和文化为发展中的个体呈现了一系列随年龄而变化的特定挑战。他认为，人们经历了8个明显不同的阶段，每一个阶段都以人们必须解决的冲突或危及为特征。我们努力解决这些冲突的体验，引导着我们发展出持续终生的关于自我的意识。

在学前早期，儿童正在结束自主对羞愧怀疑阶段，并进入主动对内疚阶段。这一阶段大约从3岁到6岁，在这期间，儿童面临着想要不依赖成人独立做事情和失败时产生的内疚之间的冲突。他们视自己为有自己权利的人，并且开始自己做决定。

对儿童独立性倾向采取积极反应的成人，能够帮助孩子们解决这些对立的情绪。通过给孩子提供独立的机会，同时给予引导、指导，教师能够支持和鼓励孩子的主动性。另一方面，如果教师阻止了孩子寻求独立性，则会增加他们生活中持续存在的内疚感，进而影响到这个时期开始形成的自我概念。

但是，值得提醒大家的是，正是因为上述的主观理解和认识的存在，导致了并不是所有指向内部的个体，都属于真正的内向。

下面，我们就来看一些现实生活中真实的例子，这些例子中的"人"既可以是成人，也可以是我们的年幼的孩子：

从不同的情境来看，有的人认为自己非常内向，在陌生人面前不爱表现，不喜欢发表观点，也不喜欢说话，感觉浑身不自在，有羞怯的感觉，但是在自己的亲人和好友面前，又会非常健谈、幽默、滔滔不绝，常常成为人们眼中的主角。这样的人有时会自评为内向的人，或者解释为自己是个对朋友有选择的人。总之他们在不同的情境和人群里面，会有不同的行为表现，在一些人面前特别活泼，而在另外一些人面前则会无话可说，似乎内向并不是一个靠谱的标定。

还有一类人，可以从他们的成长发展来看，小的时候沉默寡言，长大之后却能够在众人面前口若悬河、即兴演讲，被大家认为是非常开朗热情外向之人，很难跟小时候的内向相对应，让人觉得似乎不是同一个人；当然，也有的人是小时候活泼开朗热情，但是长大后却表现为性格内向孤僻，不喜欢与人接触，喜欢独来独往。似乎内向并不是一个恒定的个性特征，在人的一生发展过程中会不断变化，不可预测。

再有一类人，他们平常不善言辞，表现为很安静，不愿意和外界主动接触，也不喜欢跟别人进行频繁的交往，但是一旦进入他们熟悉感兴趣能够胜任的领域，他们就会表现得特别活跃，常常侃侃而谈，无论是对主题还是内容，从言语到行为、再到思维情感方面，都会表现出很大的主动性，具有很强的驾驭感。

上面这些例子中的个体，都不是真正"内向"之人，而是假想的"假内向"之人。即内向有真假之分。假内向的人在内心深处渴望与别人交流和接触，但这并不意味着他们和外向的人一样，喜欢跟所有的或是大多数的接触者交流，他们会有自己的选择，在一定的情境里与特定的人进行接触和交流。源于这种交流的渴望，"假内向"的人常常对自己的个性表现出不满，尤其是在年幼阶段，他们会很渴望像其他小朋友那样活泼大方，克服内心的羞怯和焦虑，能够轻松愉悦地与外界沟通交流，总之，他们会很渴望改变自己。

于是，有些人真的改变了，由内向变形为外向，有些人则继续保持内向，并且随着年龄的增长，有些人开始默默地接受自己的内向，安于这样的状态和分类，怡然自得，直到这些人生了孩子，成为了父母，关于内向的困扰又来了，因为大多数父母希望自己的孩子不要太内向。如同世界上没有完全相同的两片树叶，世界上也没有完全相同的两个孩子。中国有句俗语"龙生九子各有不同"，这句话很好地说明了个体之间差异的存在。孩子自然有了内向和外向之分。

很多父母都问过我类似的问题："我的孩子特别害羞内向，您说怎么让他大方开朗一些？"但却从来没有父母问过我："有哪些办法能让我的孩子更加害羞内向一些呢？"所以，我都不确定从何时起，在我们很多人的意识里，大方开朗的孩子越加受欢迎，而害羞内向的孩子则越来越不受欢迎。或许这种对外向个性的偏好是源于"人类属于群居类动物"的生物特质，因为沟通交流合作往往能够为我们带来更高品质的生活。

害羞内向的孩子在陌生场合或是不熟悉的人面前，他们总是难以主动说话，有时，好不容易开口了声音也是很小，因为这些孩子常常感到不好意思、难为情。如果恰巧你本人也是一个害羞的人，你就会知道，害羞的时候，我们会感到脸红、心跳加快、大脑空白，甚至是双手出凉汗。害羞内向的孩子，最尴尬的可能就是要见一大堆陌生人，并且还要打招呼。那种不适的感觉，就像一个不善于交际的成年人，端着一杯酒水，站立在全是陌生人的鸡尾酒会现场，尴尬至极，无所适从。那种寂寞尴尬，恐怕只有身在其中的人才能体会。

害羞内向的小孩子通常只能体会那种不自在的感觉，很难用口头语言描述出来，更多体现在肢体语言上。比如，爸妈带着孩子去朋友家做客，孩子可能会一头扎进妈妈的怀里，不肯进屋；双手紧紧地扒着门框，哭闹着拒绝进门；也有的孩子进到屋里，非要先哭闹一通，才能让自己彻底放松下来。如果此时父母当着别人的面，为自己贴上"内向"的标签，那孩子们通常需要几十年或者是完全不在父母面前时，花费好大力气才能脱掉这个标签。有时这个标签真的就像孙悟空的紧箍咒，时常出来让人烦躁不安。

说到这里，让我不禁想起以前幼儿园里的两个小朋友：一个小姑娘，害羞内向，刚入幼儿园时，分离焦虑比较严重，每次送到幼儿园时都迟迟不肯进教室，特别喜欢在一棵大树下待上一会儿。她的父母一起来问我："我们知道自己的孩子很害羞内向，我们父母本身也是这样的性格，我们就是想知道，在这样的情况下，我们的孩子能够变得开朗大方吗？每次看到别人家的孩子那么开朗，我们都好羡慕啊！"我问他们："你们想要改变自己的个性特点吗？"他们一起说："不太想，我们已经习惯了这样的状态，而且有时觉得也很好，我们喜欢安静和低调。"我说："如果是这样，那你们可能不要太期望孩子的改变。个性特点一方面受先天的影响，另一方面也受后天的影响。显然，先天已经确定，后天除非你们愿意在孩子面前表现出开朗大方的一面，否则孩子不会改变太多，因为社会性行为在很大程度上是通过模仿练习习得。孩子至少需要在亲密的人身上见证如何开朗大方的言语和行为方式。"

还有一位小朋友，大约在七八年前，两岁多来到幼儿园上一个小时的亲子班。他的特点是，很慢热。每次都不愿意进教室参加活动，基本都到最后的环节才会加入，当大家准备离开的时候，他又不想走了，也就是他的状态总是和小朋友们不合拍。但是功夫不负有心人，父母和老师们经过一年的鼓励和陪伴，孩子在入园之后并没有表现出任何的"不合拍"。

毋庸置疑，当今快节奏且要求见多识广的生活，似乎更需要大方开朗的孩子，这些孩子敢于说话，大声表达自己，能够很快地适应新环境，乐在其中，安然自在地享受当下。我们多么希望自己的孩子是这样受欢迎的孩子。然而，无论你是怎么想的，你还是有可能遇到害羞内向的孩子。

几年前，就有一位妈妈问过我这样的问题："我家宝宝三个月了，我跟爱人个性都比较内向，您说我们能培养出一个活泼外向的孩子吗？如果可以，我要怎样做呢？"

要回答这位妈妈的困惑并不是一件简单的事情。从个体心理发展的角度来说，害羞内向在很大程度上受到父母先天特质的影响。但幸运的是，这种个性特点也可以在父母后天的养育过程中得以改善。接下来，就跟大家说说这些小朋友的养育要点：

1. **身教的作用比你预想的还要强大很多倍**。如果你自认为自己从小害羞内向，又不希望自己的孩子像自己一样害羞，那么在生下孩子后，你就要为了孩子的不害羞而身体力行地努力。你仍然可以保有自己害羞的一面，但是只要孩子在场，你就要"变性"，成为一位大方得体的人。你主动热情地跟邻居打招呼，你轻松开心地跟朋友聊天谈话，你淡定自若地进入并不熟悉的环境。放心去尝试吧，身为父母的强大责任感，会让你变得异常强大外向起来。

2. **私下里给孩子一些肉麻夸张的鼓励。**你可能想象不出，一位"假内向"孩子是多么渴望登上舞台，被人关注、赞赏和表扬。但是由于被羞怯、紧张等情绪阻挡着，他们很难再在众人面前有泰然自若的表现。但是，他们最亲爱的爸妈却能够极大满足孩子的内心。建议父母在家里为孩子搭建小舞台，鼓励孩子自由自在表现，夸奖孩子是"最最棒的孩子！"给他们最大幅度最长久的拥抱和亲吻，尽情地激发孩子身体内的活跃和勇敢。这种鼓励将是孩子个性逐渐外向的"催化剂"，带来一生的持续影响力。

3. **跟孩子讲讲你小时候害羞内向的糗事。**越是内向的孩子，越是喜欢分享别人的尴尬糗事。这并不是因为这些孩子喜欢幸灾乐祸，或是没有同情心，而是因为这些孩子能够从别人的"失败"当中获取非凡的自信力量，感觉自己并不是那么糟糕，通过对比获知，原来自己并不是像自己想象的那么孤独，原来世界上有好多人跟自己一样，都会害羞、害怕和紧张，尤其是他们知道自己心目中最强大的"父母"也有那么无助脆弱的时候，不仅不会削弱父母的权威，还会让他们在跟父母更加亲密的过程中，获取再生的力量，挖掘出新的生命之源。

所以，有些"内向"并不是真正的内向，"假内向"普遍存在，正所谓很多内向不过是我们的假想而已。你是这样的人吗？你的孩子是吗？

第 29 章
学习状态——教育尺度的"拇指原则"

> **养育要点：** 拔苗助长和错失良机，常常是父母养育孩子的过程中容易纠结的地方。判断内容和形式是否适宜，最简单的方式便是观察孩子的"情绪状态"，无聊往往是太简单，畏难往往是太复杂。

无论是老师还是父母，在教育孩子的过程中都会遇到这样的困惑：如何掌握教育的尺度，才能既不会在教育中错失良机但是又不至于拔苗助长呢？让大家纠结困惑的情境不胜枚举：

孩子在搭建积木时，在某个环节时总会出现倒塌。此时，是要直接帮助孩子？还是要给予提示？还是建议孩子先放下手中的内容，休息一下，然后再继续拼搭？

孩子绘画涂鸦时，总是画不好，画了擦擦了画，要不要示范一下呢？当孩子把画笔递给我们成人时，我们要不要指导提示或者是帮着孩子画上一笔？会不会因为我们的参与影响孩子自我的艺术表达？

孩子学轮滑时，总是摔跤站不住，还要继续学吗？长时间这样会不会让身体受伤？别人的孩子4岁就滑得很好了，我们的快5岁了还站不住，是不是已经落后了呢？

孩子计算能力弱，马上就要上小学了，计算8+3进行进位时还会想半天，要不就是在纸上画出8个小点点，然后画上3个小点点，再进行点数算出11。要不要告诉孩子一些更加快速高级的算法呢？

上述种种情境，确实会带给施教者很多困惑。尤其是对于很重视孩子教育，家中又只有一个孩子的家庭，父母确实会因为样本量过小，没有足够的经验和参照，弄得心力交瘁。既担心孩子成长中需要帮助时自己给忽视耽误，又害怕因为自己用力过猛造成拔苗助长。

如果帮助了孩子，会不会导致包办代替？会不会剥夺孩子自己成长的机会？会不会失去了培养孩子抗击挫折的大好时机？

如果不帮助孩子，会不会让孩子失去持续深入探索的机会？会不会错过了孩子发展的关键期和敏感期？虽然很多理论告诉你，在孩子正在发展某项能力，但又没有完全获得时，与没有帮助的孩子相比，有帮助的孩子将会获得更大的发展。但是，在实际养育过程中，大家依然深感困惑：那个"点"到底在哪里？这个点位难以把控和预测的程度，我想绝不亚于金融家对任何一支股票的预知。更何况，很多时候钱赔了还可以再挣，但是孩子的发展呢？每一点的养育都会留在孩子的身上，孩子的发展不可逆，因为生命本身就不具备可逆性，唯有向前继续发展。

貌似，我们了解得越多，孩子的教育越难以实施，以至于很多教育工作者和父母们深陷在各类名家理论和前沿先进的教育理念、方法和策略当中，本以为多学一些，可以更好地养育，却没有想到，知道得越多就越难以抉择，越加纠结焦虑，生怕走错一步，对不起孩子的发展，更对不起自己花费那么多时间和心血来"研究"这件事情。

每当这个时候，无论你谁是，都应该停止下来，因为你已经进入一个教育的"怪圈"。当你的关注点已经不是活生生的孩子本身,而是各类逻辑理念观点的时候,你就正在偏离养育的本真。你需要重新回到教育的起点,从怪圈中抽离出来,做出重新的判断。

面对纠结,我想给大家推荐一个"拇指原则"(RULE OF THUMB),这个说法我是在读书时的心理统计课上第一次听到,有时也被译为"大拇指原则",又叫"经验法则",是一种可用于许多情况的简单的、经验性的、探索性的但不是很准确的原则。目前,在统计、经济、管理等不同的领域内几乎都有自己的拇指原则。

据说,"拇指原则"是来源于木工工人,他们不用尺子,而是伸出拇指来测量木材的长度或者宽度。还有一种流行的说法,说农业播种时,为了达到合适的种子深度,拇指经常被用来快速地测量种子掩埋的深浅。久而久之就把有经验的简单的测量都成为"拇指原则"。生活中的"拇指原则",比如卖肉的,手里掂掂就知道肉有几斤几两,靠的是经验和直觉。最让人抓狂的可能就是我们中国人做饭时,加入调料时说到的"少许"。

经验凝练出来的"拇指原则",除了让我们抓狂,更多的还是让我们震惊和赞叹。大家可能知道这件事情,在北京王府井百货大楼前矗立着一位普通售货员的塑像,那就是张秉贵,他在平凡的售货员岗位上练就了令人称奇的"一抓准"——一把就能抓准分量,顾客要半斤,他一手便能抓出5两。

更让人称赞的是,张秉贵先生的儿子张朝和,子承父业,也成为百货大楼糖果柜台内一名优秀的营业员。他能根据顾客提出每种糖果所需要的重量要求,用手凭感觉在6种不同的糖果中抓取,之后分别用电子秤称重,每一份的误差只在一块该种糖果的重量之内,达到更高水平的"一抓准"。可以说儿子不仅传承了父亲精湛的技能,也传承了为顾客服务的专业精神。

实际工作中,当有的家长来咨询问题,或是请协助判断孩子发展水平是否正常时,可以说,只要能够亲眼看到孩子,身边有经验的同事和老师们就能够在几分钟之内判断个八九不离十,这就是经验的力量所在。而我个人的经验是，观察孩子的眼神和肢体动作，越是年龄小的孩子，这两项越能代表孩子的发展状态。

为此，具体到大家纠结的度的问题，我建议一个"拇指原则"，那就是在教育相处过程中，特别首要关注孩子的情绪状态，大致可以分为三种情况：

第一种，孩子情绪激昂、满脸红光、认真专注时，说明当前的一切一定是极大地吸引了孩子，而且你的引导帮助不会改变这种状态，甚至是让孩子情绪更加饱满时，说明你此时的介入就是在把握教育良机，支持着孩子的进一步发展。

第二种，孩子情绪低落，磨蹭拖延、表现出烦躁不安，甚至摔东西哭闹，主动依赖帮助时，说明当前的活动对孩子来说难度过大，如果在引导和部分协助下，孩子都做不到，必须在完全代劳下孩子才能完成时，建议暂时停止，因为这些情绪迹象都表明，你极有可能在进行拔苗助长，久而久之，反而会伤害孩子、阻碍孩子的发展。

第三种，孩子情绪低迷，百无聊赖，打不起精神来，表现出对父母言听计从的应付状态时，说明当前的活动并不能吸引孩子，如果孩子再草草糊弄了事，就更加说明内容过于简单低级，对孩子来说没有新异性和挑战性，这些迹象暗示着，你可能正在错失延误教育的良机，需要重新审视孩子更高的发展需求。

掌握了情绪状态这一"拇指原则"，你就不会因为只有一个孩子没有参照而心慌没底，也不会因为自己是新手老师，带孩子经验不足而不自信，更不会因为理论理念太多而无从选择。因为关注孩子始终是最重要的，在孩子所有的发展中，过程中的情绪状态又是重中之重，最能体现他们的发展和教育环境是否匹配协调。就好像你判断一辆车是否要启动和避让时，跟转向灯、言语提醒等提示相比，你去关注车子的轮子来得更加精准，更能判断出对方司机的驾驶操作意图。生活中随处存在"拇指原则"，等你掌握了这些原则，你的选择会更加从容淡定。

第 30 章
发展异常——融合教育更能兼顾生活品质

> **养育要点：** 特殊需要儿童最应该去的地方，就是和普通伙伴在一起进行融合，即使他们需要特殊机构的专门训练，也同样需要进行融合学习。特殊孩子首先应该是一个孩子，其次才是他们发展中存有的特殊性。

　　关于孩子的发展是否存在异常，最有诊断资格的是医生，而不是老师。所以，当父母怀疑孩子在发展上存有特殊性的时候，一定要去当地正规的儿童医院进行诊断。诊断之后，建议不要轻易服用药物，一定要反复咨询和论证，因为大多数发展上存在的问题，需要行为训练，而不是服用药物。融合学校和训练机构能够在很大程度上给孩子以补救支持。

　　关于自闭症的判断，是我被问询最多的问题。当孩子社交、语言、智力和运动能力上出现明显迟滞时，通常会被怀疑有自闭症倾向。不足 4 岁的小朋友，很少被诊断成自闭症，大多是自闭症倾向，因为自闭症被界定为"广泛性发展障碍"，在幼年时期，有一些孩子属于发育迟缓，但却跟自闭症有很大的相似之处，容易诊断出错。

有爱的管教更有效
儿童心理专家跟你一起养育孩子

♡ 特殊的教育给特殊的孩子

当孩子来到我们的身边，我们所能给予他们的最宝贵的财富，就是适宜的教育。

这十多年以来，由于专业和工作的原因，我有幸接触了特殊孩子及孩子家长、特教老师以及社会上关爱特殊孩子的诸多人士。第一次接触特殊孩子的感觉，至今记忆犹新。那是读书期间，我到培智学校做义工，负责带一名六七岁的自闭症男孩。记得他有时喜欢抱着我，用劲儿地闻我身上的味道；有时喜欢抬头望着天和远处，很沉静；有时又喜欢疯狂地到处跑，越追跑得越快，脸上还尽是笑容。那时，我很想知道，他到底在想什么呢？

如今，人们在进行特殊儿童教育中，所产生的疑惑和遇到的难题，也总是源源不断。孩子身上呈现的海量问题，常常令孩子身边的父母老师心力交瘁。于是，我讲了一次主题课《普通幼儿身心发展规律及对特殊幼儿康复教育的借鉴》。当时听课的多是特教老师和孩子家长，他们大多都听过很多次课，参加过众多专业培训，但我的内容还是给了他们新的视角。一直以来，我都想强调一点，特殊孩子也是孩子。尽管存有各自的特殊性，但是作为教育者，我们要时刻提醒自己，他们首先是孩子。明白了这一点，我们的特殊教育才能不刻板，不会走上弯路，我们才能从孩子毕生发展的角度考虑他们的教育问题。

在面对特殊孩子的时候，我建议大家要时刻认真考虑以下三个问题：第一，世界上有完全相同的两个孩子吗？第二，所有的儿童都能学习吗？第三，每个孩子在不同的年龄段都会有所发展吗？好好思考上述三个问题真的非常重要，因为你的答案将在很大程度上决定你对特殊儿童的教育观、采取的教育方法以及对教育效果的评估。

在那次课上，大家达成一致看法：世界上没有完全相同的两个孩子；每个儿童都有学习能力；每个孩子在不同的年龄段都会有所发展。持有这样的特殊儿童观，对特殊教育的成功是至关重要的，也是具有非凡意义的。

我们的目光不要只盯着"特殊"二字，理性地分析之后不难发现，特殊孩子跟普通孩子的差别可以概括为：少数人、发展迟滞、发展不出现、发展后退以及发展异常。

普通儿童的教育需要遵循生理、心理，然后实施教育的原则，特殊儿童也不例外。普通孩子的发展涵盖体能、认知和社会性，特殊孩子也是一样的。

所不同的是，特殊孩子学得更慢，更需要学习方法上的适宜，尽管如此，有些东西特殊孩子也是永远无法获得和掌握。怎么办？唯一的办法就是，在孩子身体和学习能力有限的条件下，进行理性地筛选，找出那些对孩子来说最重要的内容进行施教。特殊教育过程中有一些原则需要遵循：早期发现、公平公正、游戏化、积极支持、安全保障、个性化支持以及及时调整。

纵观孩子的发展，特殊孩子的教育，一定要从如何提升其生活品质的角度来考虑他们的培养问题。良好的生活自理能力，永远是他们最为需要的。做几道数学题、写几个汉字，远不如学会吃饭、洗澡、如厕、打电话、购物、上街来得更有意义。

我们家长和教育者在实际生活中，需要做的是"挖掘优点、放大优势"。此话说起来容易，但做起来真的不容易。想到、说到和最终做到，在结果上相差甚远，世上万事皆如此。

在此，我衷心希望，每个特殊孩子都拥有一个幸福的童年。更多人看到他们，懂得他们。

♡ 我用孩子的话告诉你"好的幼儿园教育是怎样的"

很多人问我这个问题："什么样的幼儿园教育才是好的？为什么？"提

问的人有的是家长，也有我的同行，还有媒体朋友，也不乏诸多关心幼儿园教育的热心人士。其实，对于这样一个开放性的问题，真可以说是"仁者见仁智者见智"，不同的人一定会有不同的回答，就拿我自己来说，在不同的场合情境下，我的具体回答也可能是变化的。这并不是说我对幼儿园教育没有定准的认识，而是我对这项工作实在存有敬畏之心，我不敢断言什么才是最好的，给予孩子怎样的幼儿园教育才是最重要的，我更不想因为一时的偏颇误导了大家。

尽管，我不能用自己手中的一碗水，来断定一片海洋的品质，但是我可以通过自己手中的一碗水，告诉你这碗来自海洋的水是怎样的，我对这碗水的感觉是什么。所以，今天，我想用孩子的话语告诉你，好的幼儿园教育是怎样的。

十多年前，我们幼儿园毕业了一位小朋友。在孩子升入小学后不久，我又遇见了他的妈妈。他的妈妈跟我说："我觉得你们幼儿园的融合教育特别好！不仅教育了我的孩子，而且也教育了我。"原来，她的孩子升入小学以后，班上有一名发育迟缓的孩子，她在跟自己的孩子谈起那个孩子时，一时想不起人家的名字，就随口说道："就你们班里那个有点儿傻的孩子！"没想到，她的孩子立马站起来，说道："妈妈！您怎么能这么说话呢？他不是傻子，他就是发展有些迟缓，好吗？他有自己的名字，他叫***，请您以后叫他的名字！我一直觉得您是位有素养的人，没想到您居然会这么说我的同学。"这位妈妈说，孩子的话让她觉得羞愧难当，她也一直自认为是位很有素养的人，对特殊小朋友也真的没有任何偏见和嫌弃，也对他们充满爱心，但令自己没有想到的是，在自己骨子深处还是隐藏有根深蒂固的狭隘。所以，虽然孩子从幼儿园毕业了，但她还是深深地感谢幼儿园曾经给予孩子的教育，同时也教育了她本人。

十年前，我来到幼儿园工作。实际上，在我来这里工作之前，幼儿园就一直坚持接收有特殊需要的小朋友，其中有自闭症、多动症、唐氏综合症、脑瘫、语言发育迟缓等各种类型。当我们跟同行提起这种情况时，总会有人问道："没有家长反对吗？他们不担心自己的孩子跟这些小朋友学习一些不好的行为吗？"这时，我们总会自豪地说："还真没有，北大燕园的家长意识就是不一样，他们不仅关注自己孩子的教育，他们对其他孩子也有一颗博爱的心。"在这些年里，时不时地有家长跟我反馈："身边特殊小朋友的存在，让我的孩子更懂事，更懂得关心别人，心胸更宽厚，更懂得接纳世界的多样性，有了更好的成长。"

我自己也是一位家长，我的孩子也是从北大幼儿园毕业，从托班到大班，她接受了四年的幼儿园教育，作为妈妈，我见证了她的每一步成长：

刚刚升入幼儿园小班时，有一天回来，她跟我抱怨说："妈妈，我不喜欢阳阳。她总是流着鼻涕，不讲卫生，而且我们排队时，她总是故意踩我挤我，我们小朋友都不喜欢她！"（阳阳是一位有自闭症倾向的小朋友）听了孩子的话，我说道："哦是吗？被踩到肯定不舒服啊！可也许阳阳她真的不是故意的！""哦？是吗？"女儿不再说什么！

在接下来的一个多月里，孩子偶尔还会抱怨阳阳的不是，比如不遵守游戏规则，给她们搞破坏，但是她的抱怨在明显减少。直到有一天，她又跟我提起了阳阳："妈妈，我知道了一个秘密！原来，阳阳在妈妈肚子里的时候就生病了！您说对了，她不是故意踩我的，她只是管不住自己的身体，等她以后多多练习，练习好了，就不会再踩我了！"

以后的日子里，我还是偶尔会从孩子的嘴里听到关于阳阳的消息，比如，"我们现在两个小朋友一组，拉着阳阳的手一起去排队！""我今天帮阳阳盛饭了，我可真开心啊！"再有一天，孩子特别特别神秘地告诉我说："妈妈，我们以后再也不用帮助阳阳了！"我好奇地问："为什么呢？你们不想帮助她了吗？""才不是呢！因为啊，阳阳自己都能干了呀！她进步可大了，什么都能自己干了，就不需要我们帮助她啦！"孩子的话让我倍感温暖，那一刻我的眼泪都快掉下来，因为我知道，在阳阳的背后，我们的老师，还有阳阳的家人，付出了怎样艰辛的努力。

　　孩子上中班时，那一年冬天特别寒冷。周末我们去商场里买东西，孩子一下子被一些饼干点心造型的小润唇膏吸引了："妈妈，我想要买这个，可以吗？"我说："好啊，你总舔嘴唇，抹上唇膏就能保护它了！""妈妈，我想给我们班老师也选一个可以吗？而且，我要给马老师选两个！"我好奇地问："可以啊，你觉得漂亮要送老师吗？为什么还要送马老师两个呢？你最喜欢马老师？""因为，我们老师每天都要跟小朋友说好多话，嘴唇经常是干干的，肯定特别难受！我送马老师两个，不是因为我最喜欢她，是因为我发现马老师的嘴唇是最最干的，她还会经常出血呢！我觉得她应该多抹一些，就不会那么难受啦！"当我把孩子的话说给老师们听时，尤其是那位仅有20多岁的马老师，感动得眼圈都红了。我内心无比感激老师们，是你们让我的孩子这么有人情味儿，你们爱护着她，她也学会了爱别人。

　　对于她的老师，孩子总会有自己的评价。幼儿园快要毕业的时候，有朋友来家做客，问孩子："你们班有几位老师啊？你最喜欢谁呢！"孩子说："有四位老师，我都喜欢，可我最喜欢马老师！"朋友笑道："为什么最喜欢马老师？一定是马老师对你最好吧！"孩子一脸诧异地说："不是啊，我们的老师都对我很好！可我觉得，马老师还是最好的！因为马老师对每一个小朋友都是最好的！我们班的聪聪常常推着餐车跑，马老师都没说过他，都是跟他耐心讲道理！"我不得不再次感谢我们的老师，你们让我的孩子懂得了什么叫做公正的博爱（聪聪是一位多动症小朋友）。

　　现在，我的孩子已经上了小学五年级。偶尔一次翻看她写的读书笔记，我仿佛又看到了她幼儿园的样子，在她的文字里，我看到了幼儿园教育的延续，也看到了北大老校长蔡元培先生的理念"思想自由，兼容并包"。

　　她在读过林海音的《城南旧事》以后，写了读书笔记：

　　一、你最喜欢书中哪个情节人物故事、场景？为什么？

　　她回答：我喜欢书中的"疯子"—秀贞。其实我认为秀贞并不"疯"，只是因为她对于自己爱人的思念与渴望不被世人所理解罢了。我喜欢她的原因是：秀贞不会因为自己处于一个封建的、女性生来就被男性压迫着的社会而放弃自己对爱的渴望，不管是亲情、爱情还是友情，她不会像其他女孩一样，规规矩矩的生活，而是一种别样精彩的人生，所以我喜欢她。

二、请你提出一个引发读者思考的问题，并说明提出的理由。

她回答：我的问题是，如果你是英子，你会像作者林海音那样去对待"疯子"秀贞吗？我问这个问题的理由是：因为现在有很多人都看不起所谓的"疯子""傻子"，甚至连脏话都有关他们。即使在50年前的老北京也不例外。可作者，也就是书中的英子，却能够如此不在意，和秀贞做朋友。因为她相信：朋友不在于身份和地位，可其他人却把它看得太重。所以我想问这个问题。

提起北大，大家称赞的可能都是北京大学的高等教育，今天，我用孩子的话语告诉大家，北京大学的基础教育丝毫不逊色于她的高等教育。幼年阶段，我们对一个孩子心性的培养，毋庸置疑是极其重要和必须的，好的幼儿园教育能让孩子从小就懂得尊重、接纳、包容、宽厚、博爱和公正。这些内容，极有可能是大学里的高等教育所不能给予莘莘学子的，也极有可能这些品质的培养是存有关键期和敏感期的。一旦幼年时没有获得，到了成年恐怕再难以习得。

回到最初，我最想提醒你的话还是那句：最糟糕的养育莫过于让孩子成为情感上的孤儿。最有效的管教就是让孩子在感觉到爱的同时再提出要求。

结束语

爸爸在培养孩子方面有种特别的力量

也许是源于我国的文化传统，在很多人的头脑中，可能都有这么一个印象，在一个家庭里，男人负责在外面挣钱打拼事业，女人负责在家照顾孩子，这种男主外女主内的分工模式让大家习以为常。虽然现在很多妈妈也都有自己的工作，但是照顾孩子的重任还是自然而然地落在妈妈身上。比如，我们在幼儿园工作中，接触孩子妈妈的频率比爸爸的频率多得多，孩子有问题需要咨询时，大多由妈妈先来沟通情况，有必要时爸爸再出现。即使在很需要爸爸参与的亲子运动会上，妈妈出现的比例也是远远高于爸爸。我们曾做的一份入园前调查研究也证明了，父亲参与的孩子日常照顾如哄睡等仅有7%，而母亲的比例是54%。即使爸爸们参与养育，也常常是人在，心不在。捧着手机照顾陪伴孩子的父亲，比比皆是。父亲普遍较少参与养育的现状，似乎使得全世界都认为，女人比男人更会养育孩子。真的是这样吗？

关于这一点，不仅男人坚信，很多女人也是持笃定态度。这在家庭的言谈之中便可以瞥见。譬如妈妈们在一起常常会说,孩子的爸爸什么也不会做,啥也不懂;自己周末外出买菜前,把孩子的衣服一件件摆好放在床头柜上,孩子醒来,爸爸只要给孩子穿上即可,不用考虑薄厚和搭配,结果爸爸竟连这么简单的事情也做不好,妈妈买菜回来,一进门就看到,三岁的小女儿蓬头散发,内衣外穿,外衣内穿!在妈妈质疑父亲的能力时,父亲却也振振有词:这些衣服都很舒服啊,没必要非得分清内外吧!

换个角度想,有时父亲的说法也是有道理的,不能据此定论他们能力低,他们只是没有按照妈妈的惯常去养育而已。除了质疑爸爸们的养育能力,妈妈们更多的是抱怨。很多女性再现过自己的烦恼:以前孩子小,只有洗澡和上厕所是自己的时间。现在孩子能走会跑的,我没有任何自己的时间。只要在家里,孩子就会跟着自己,连上个厕所,孩子也会搬个小板凳守在旁边。在工作日的早晨,自己又要准备早饭,又要整理衣服,可爸爸真的就能在旁边酣然睡着。甚至有些妈妈说,有时自己眼看就要迟到了,可孩子爸爸依然悠闲地看报玩手机,内心愤恨地只有一句独白:凭什么?孩子难道是我一个人的吗?

即使保有理性,我发现很多女性也不能有效解决这种父母参与严重失衡的现状,因为她们一开口就错了。比如有的妈妈会反问爸爸,"我都忙成这样了,你就不能把手机放下,帮我给孩子穿穿衣服吗?我是神仙吗?我有三头六臂?我是八爪鱼?"冷静下来,你会发现说这样的话根本改变不了现状。为什么?因为你这是在抱怨,而不是在求助。对于抱怨,男人极有可能忽视,即使不忽视,帮助你的时候也会很不爽,下次主动参与的可能性也极小。但如果你是真诚的求助,效果可能就大不相同。如果你认为父亲同样应该参与养育,就可以明确指挥分工,甚至是"发号施令":"还有 10 分钟就得出门,你帮孩子把衣服穿好,我拿早饭!"何必要给父亲拒绝的机会呢?直接要求就好了,我相信大多数男人是乐于助人的。更重要的是,这样的沟通更有助于解决现实问题。

结束语
爸爸在培养孩子方面有种特别的力量

然而，令人大跌眼镜的是，事实证明，养育这件事情并不是非母亲不可。父亲同样可以把孩子养育得很好，前提是父亲有跟母亲同样参与的机会、热情和责任。换句话说，养育孩子也是一个熟练工种，练着练着就能胜任了！我见证过很多"超级奶爸"，他们对孩子的养育丝毫不逊色于任何一位优秀的母亲。其中的范例在此暂且省略。

我们今天的重点，并不是谈论男人有没有能力养育好孩子。而是从源头上了解一下，作为男人和父亲，为什么一定要养育孩子？父亲到底有哪些不可替代的作用？大家可能不知道，在孩子成长的过程中，爸爸的作用绝非是提供物质保障这么简单，孩子需要爸爸用心陪伴，更需要爸爸的以身示范。英国心理学家格尔迪说过，"父亲的出现是一种独特的存在，对培养孩子有一种特别的力量"。格尔迪之所以这么说，是因为好多事情确实只有爸爸才能为孩子做到，别人无法替代。

也许有的妈妈会说，我跟孩子的父亲离婚了，所有的书籍和观点都告诉我，爸爸的陪伴对孩子有多么重要。那是我们给孩子提供了先天残疾的家庭吗？还有的家庭，父亲在外地或是国外工作，孩子常常由妈妈一个人带，据此可以说孩子的父亲角色就是缺失的吗？当然不可以。我上面提过，很多父亲的人每天都在孩子身边，他们的心却很少在；跟这种状态相比，那些不在孩子身边，却常常定期保持跟孩子互动沟通的父亲，后者显然更佳。"丧偶式育儿"比现实中的离婚和分居更加可怕。别说一位父亲在空间上不能陪在孩子身边，即使在时间上（比如去世）都不能陪伴孩子，依然可以在孩子的成长中发挥神奇的作用，这无疑是父亲精神的传承，是母亲爱意的引导。

一个人，不管是男人还是女人，都应该具有刚健有为、自强不息的阳刚之气，而这种气只有爸爸能够给予孩子，这可能是由雄性激素决定的。幼年时期是一个人人格特质发展的关键时期，如果此阶段孩子的教育都由女性完成——在家由妈妈，在幼儿园由女老师，男性教育者持续缺位，很容易导致孩子们全部出现"女性化"倾向，无论男孩还是女孩，都是奶气十足，缺乏独立性、创新和冒险精神，人格发展片面化。

美国心理学家贝姆的研究表明，双性化人的心理素质比单性化人更好，具有更好的沟通适应能力，更受欢迎。双性化人指同时表现出男性或女性的倾向，单性化是指仅表现出男性或女性一种倾向。可以说，双性化的人能够很好地兼备男女优势，有更强的环境适应能力，更容易有出色的表现。而只有在父母共同参与养育的家庭中成长起来的孩子，才更有可能具备双性化。不知大家有没有发现，现代社会理想的性别模式应该是"男女兼性"：男孩子是粗中有细的男子汉，女孩子是柔中带刚的窈窕淑女。不妨思索一下，身边那些受欢迎的个体，是不是都属于双性化的人？

来跟大家分享一个父亲对儿子长久影响的案例：一个三十岁的年轻小伙子，海外硕士，短短三年成为金融机构的经理。大家可能很难相信，这样一位年轻有为的精英人士，直到参加工作，才解决了多年的困扰：不知道如何跟男性聊天。在面对男性，他不知道该说些什么，但是面对女性，他能聊得很好。从小到大，他有五六位闺蜜级的女性朋友，却只有一位从小学开始的男性朋友。虽然他事业成功，外表很男子汉，也没有表现出任何心理疾病，但他的人格发展过程中有缺失——缺少与男性相处沟通的经验。他的父亲很爱他，很舍得为他花钱，但是从没跟他好好说过话，总是匆匆而过。他生活中的陪伴者是妈妈、奶奶和姥姥。年幼阶段父亲的缺位，尤其是男性养育者的缺位，竟然带给孩子长达三十年甚至更久的影响。幸运的是，他在后天的经历中得以部分弥补，不幸的是，只是部分弥补，幼年错失的恐怕再也寻不回。

爸爸的存在对儿子重要，对女儿同样重要。因为父亲是女儿生命中的第一个男性形象，他的形象会给自己的女儿树立起"男人应有的样子"，他对待女性的方式也会成为孩子学习的模板。如果成长过程中缺少成熟的男性形象，女性可能会过分代偿性地发展自己身上的男性化特质，在婚恋中过分承担。

结束语
爸爸在培养孩子方面有种特别的力量

记得有一个这样的公益广告，讲的是女儿结婚有了孩子，父亲去女儿家看望，父亲总想着自己的女儿能够陪自己说说话，却发现女儿太忙了，独自照顾孩子承担家务，过着十分疲惫的生活，根本没有时间理会自己，父亲只能伤心失落的离开。

爸爸开始反思，宝贝女儿怎么变成这样了？原来女儿就成长在这样的家庭环境里，每天目睹自己的妈妈辛苦劳动，爸爸从不参与家务和养育，导致女儿成年后不知不觉模仿复制了这样的失衡，她认为男性就应该在外挣钱养家，回到家里什么也不用做，而自己就应该把家里的重担一肩挑起来。父亲原本认为亏欠妻子的，却在实质上亏欠了宝贝女儿。他没有让女儿见识过男人可以在家里做什么，导致女儿压根儿就没有建立男人同样可以参与家务的意识，自然更不懂得要求老公在家中跟自己并肩作战。作为一个男人，如果你只懂得疼惜自己的宝贝女儿，却不懂得爱惜自己的柔弱妻子。多年后，这将是一个多么痛的领悟。

爸爸在培养孩子方面的独特价值，远不止上述这些。众多研究结果显示，爸爸带出的孩子更喜欢运动，更喜欢动手和创新，所以有专家倡议"每个孩子都应该在给爸爸递螺丝刀的过程中长大"。因为，更善于动手操作的爸爸，会在日常修理中带给孩子不一样的教育，形成孩子大胆尝试、勇于解决问题的意识。

男人和女人在教育中各有千秋，缺一不可，而事实也正是如此。比如，提供同样的一个绘本故事，爸爸和妈妈就能以完全不同的方式讲给孩子听。妈妈通常倾向于按部就班，耐心阅读上面的文字，引导孩子理解图片；而爸爸则，完全不同，他们极有可能让孩子随意打开书面，孩子翻到哪一页，爸爸就说一个词语或是做一个表情，根本不做任何讲解。这两种阅读方式孩子可能都会喜欢。再比如，同样是带孩子出去爬山，遇到一个小地沟，妈妈们往往带着孩子小心翼翼地绕道而行，而爸爸呢，则会尝试抱着孩子跳过去，或是鼓励孩子爬越过去。男女先天的生理差异，自然而然带来养育的差异。

再有一点，大家可能也没有意识到，其实爸爸参与养育，不仅利于孩子的成长，对爸爸自身也有不容忽视的作用。从最浅层近处的益处来看，一位忙碌的父亲，恰恰可以多带孩子进行体能游戏让自己疲惫的身心得以短暂的休息。从更加深层长远的角度来看，那些很少担当父亲角色的男性，多会成长为情感孤独的"倔老头"，难以融入人群，就像人们常说的，越老越顽固。金庸小说里的"周伯通"就是一个生动的例子。而那些积极参与家庭生活养育孩子的父亲，在老年阶段对生活的满意度更好，有更好的心理状态，与子女家人有更加融洽和谐的关系。

所以，作为父亲，养育之爱绝对不能缺席。在生理上，没有父亲，就不可能有母亲。在心理上，父亲母亲的角色同样不可或缺。身为父亲，就要发挥男性的独特价值。主动参与养育是爸爸们的份内之事，绝不是额外的负担。因为，妈妈们并不比爸爸们更善养育，更懂教育，别让孩子等待太久，别让妈妈们继续孤军奋战。